* 9 7 8 9 9 4 8 7 6 7 4 8 0 *

مُعز الخليفي صحفيٌّ ومؤلِّف تونسيٌّ، متقِنٌ ومحبٌّ للغة الضَّاد، يَملك رصيدًا مِن الخبرات الصحفيَّة والمؤسَّساتيَّة لنحو 10 سنوات.

قادَته هذه الخبرات بتفاصيلها السيِّئة والحسنة، الجميلة والقبيحة، الناجحة والفاشلة إلى التفكير خارج الصندوق، والبحث عن منهجٍ فكريٍّ بحيَل وأسرار كي يكون دستورًا مهنيًّا مصغَّرًا لتحسين بيئة العمل لدى الشباب العربيِّ مِن منظورٍ شاملٍ وأوسع.

للمؤلِّف عشرات مِن المقالات، والتحقيقات، والتقارير الصحفيَّة المنشورة في وسائل الإعلام المطبوعة والرقميَّة، في مجالات: السياسة، والاقتصاد، والتكنولوجيا، والتنمية المستدامة، والابتكار، هذا بالإضافة إلى مشاركات أخرى في تقارير عربيَّة ودوليَّة.

الإهداء

الحمد لله أولًا وأخيرًا

على ما تفضَّل به عليَّ، وألهَمَني لكتابة هذه السُّطور.

إلى والدَيَّ العزيزَين،

دمتُما ذخرًا لوَلَدكما المخلص، وشَكَر الله لكما كلَّ ما بذلتُماه.

إلى زوجتي العزيزة،

دُمتِ سندًا ومُعينةً لي في كلِّ خطوة.

مُعز الخليفي

دُستورُك للاستِمتاع بوظِيفَتِك

منهجٌ فكريٌّ وعمليٌّ بحِيَلٍ وأسرارٍ لحَياةٍ وظيفيَّةٍ أمتَع

AUSTIN MACAULEY PUBLISHERS™

LONDON • CAMBRIDGE • NEW YORK • SHARJAH

الرقم الدولي الموحد للكتاب 9789948767480 (غلاف ورقي)
الرقم الدولي الموحد للكتاب 9789948767473 (كتاب إلكتروني)

رقم الطلب: MC-10-01-9342921
التصنيف العمري: E

تم تصنيف وتحديد الفئة العمرية التي تلائم محتوى الكتب وفقًا لنظام التصنيف العمري الصادر عن وزارة الثقافة والشباب.

الطبعة الأولى 2024
أوستن ماكولي للنشر م. م. ح
مدينة الشارقة للنشر
صندوق بريد [519201]
الشارقة، الإمارات العربية المتحدة
www.austinmacauley.ae
+971 655 95 202

قائمة المحتويات

مقدِّمة

للدَّساتير في بُلداننا وظيفةٌ ساميةٌ كُتبت لأجلِها، ألا وهي تنظيمُ الحياةِ: السياسيَّة والاجتماعيَّة والاقتصاديَّة والعسكريَّة والتعليميَّة.. وغيرها من القطاعاتِ المهمَّة والحسَّاسة في الدَّولة، فلكُلِّ دولة دستورُها الخاصُّ المتضمِّن أبوابًا وفصولًا عدَّة.. تشرحُ وتنظِّمُ حياة الأفرادِ والمجموعات والشعوب.

قد نَملك دساتيرَ خاصَّةً في حياتِنا على الأصعدةِ الشخصيَّة أو الاجتماعيَّة، لكنَّنا نفتقدُ في الكثير من الأحيان إلى دستورٍ خاصٍّ بحياتنا المهنيَّة؛ يُنظِّمُها ويُسوِّيها ويُصوِّب أخطاءها ويزيدها رونقًا ونجاحًا في المستقبل.

قد يكونُ الدُّستورُ المهنيُّ شخصيًّا أكثر من أن يكون عامًّا، وذلك اعتمادًا على أسلوبٍ وحياة الموظَّف في مهنتهِ بغضِّ النَّظر عن ماهيَّتها، ولكن هذا الدُّستور الَّذي بين يدَيكَ بفصولهِ السبعة عشرَ يسعَى لوضعِ الأمور في نصابِها، ووضعِ النِّقاط على

الحروف، ورسمِ خارطةِ طريقٍ لحياةٍ مهنيَّة أكثر متعة وسعادة وإنتاجيَّة، بعيدة كُلَّ البُعدِ عن الضُّغوطات الاعتباطيَّة - وإن كانَت حياتُنا لا تخلو من ضغوطات - أو الرَّتابة، أو اللَّا مهنيَّة، أو الأحقاد، أو سوء فهم الأفكار، أو البيئات السامَّة الحارقة لطاقاتنا وسعادتنا وإنتاجيَّتنا..

رغبتُ يا أخي القارئ، وأنا أخاطبُكَ أنتَ أيُّها الموظَّف في كُلِّ القطاعاتِ الحيويَّة: الحكوميَّة منها أو الخاصَّة، أن أساعدَكَ ولو بقدَرٍ بسيطٍ على تجاوز عقدةِ "كره الوظيفة"، والإحساس بأنَّها عبءٌ ثقيل عليكَ، لا تملك سِوَى تسجيلَ حضورٍ يوميٍّ فيها على مَدار خمسةٍ أو ستَّة أيَّام في الأسبوع، ثمَّ تعودَ إلى نفسِ الدَّائرة مرَّة أخرى.

تصفَّحتُ العديدَ من المراجعِ والكُتب والمدوَّناتِ الَّتي تهتمُّ بالموظَّف؛ ووجدتُ العشراتِ منها يتحدَّثُ ويركِّزُ على تقويم وتحسين إنتاجيَّة القائدِ أكثر من الموظَّف ذاتهِ، رغم أنَّه حجرُ الأساس واللَّبنة الأُولَى في ارتقاءِ الحضاراتِ وبناء النهضاتِ، ورغم أنَّ هناك مراجعَ كثيرةً تتحدَّثُ وتُركِّز على إنتاجيَّة الموظَّف، لكنَّني وجدتُها مُتفرِّقةً هنا وهناك، ولذلك أحببتُ في هذه الصَّفحات أن أبنيَ لكَ دستورًا مهنيًّا خاصًّا يكون قريبًا منكَ، يشعرُ بما تشعرُ به، يتألَّمُ لألمكَ، ويفرحُ لفرحكَ، ليكون منكَ

وإليكَ، فأنا أغوصُ مثلكَ في تفاصيلِ الوظيفة، أتعمَّقُ في أبعادِها، وأستكشفُ كنوزَها الدَّفينةَ، وأرتقي بين فترة وأخرى إلى معالمَ وأسرارٍ وتجاربَ شخصيَّةٍ كانتْ وستكون دروسًا لي في الحياة.

شعوري تجاهَ ما تمُرُّ وما ستمُرُّ بهِ عزيزي الموظَّف، جعلَني أخطُّ لكَ هذا الدُّستورَ المتواضِعَ، الَّذي أسألُ اللهَ بعَونِه وتوفيقِه أن يكونَ خارطةَ طريق شاملة، حتَّى تستمتعَ بمهنتكَ، وتبادلَها وتبادلَكَ العطاءَ والإنجازات والنَّجاحات، وتُقْصي فكرةَ الاستقالات المتكرِّرة مِن ذهنكَ، والقَفز من مؤسَّسة إلى أُخرى.. هذا إن لم تكنْ لكَ أسبابُك الخاصَّة في المغادرةِ، كما أتطلعُ بعون الله وتوفيقِه، أن يكونَ هذا الدُّستور حافزًا كبيرًا للشَّركاتِ أو المؤسَّساتِ الرَّاغبة في تطوير أفرادها والدَّفعِ بهم إلى النَّجاح.

أحببتُ أن أدعمَ جلَّ الفقراتِ الَّتي سطَّرتُها في فصولِ هذا الدُّستور المهنيِّ بتجاربَ شخصيَّةٍ، وحِيَل وأسرار مررتُ بها في مسيرتي المهنيَّة ولا زلتُ، أو بمواقفَ أخرى سمعتُ عنها وتقرَّبتُ منها؛ رغبةً منِّي في دعمِ مُخيّلتكَ، وتأسيس منهجٍ مدعوم بالأمثلة الَّتي تُسهمُ في تسهيلِ وتقريبِ الأفكار؛ كي لا أذهبَ بكَ بعيدًا إلى الرَّتابةِ أو الإطالةِ أو التَّنظيرِ وسوء التصوير.

أتركُكَ أيُّها الموظَّف العابسُ، والبائسُ، والمُحبَطُ من حياتكَ المهنيَّة، وأنتِ أيَّتُها الموظَّفةُ المغمورةُ الَّتي يُهيمنُ عليها التيْهُ والحيرةُ في وضعِ أُسسٍ صحيحة لبداية مشوارها المهنيِّ، أن تبدأ في قراءة جميع فصولِ هذا الدُّستور، وتُوقِعها جميعًا على حياتك الشَّخصيَّة، لعلَّها تجدُ لكَ مَخرجًا أو حيلًا ذكيَّة، تفتحُ لك أبوابًا لم تُحسب أنَّها ستُفتَح، أو تسوقُكَ إلى أفق أوسع وأنجح، في كُلِّ ما يتعلَّق بحياتك المهنيَّة.

مُعزّ الخليفي

الفصل الأوَّل
بداياتُك سِرُّ نجاحاتِكَ

عندَ الشُّروع في خوض المُعترِكِ المهنيِّ، وخلال الأسابيع والأشهر الأُولَى من دخولكَ المؤسَّسة، تذكَّرْ دائمًا عزيزي الموظَّف أنَّ الانطباعَ الأوَّل يتركُ أثرًا كبيرًا على أدمغةِ البَشر المحيطين بكَ، وبشكلٍ سلبيٍّ أو إيجابيٍّ؛ سترسمُ ألفاظِكَ وحركاتُك وسلوكُك أو حتَّى صمتكَ داخلَ المؤسَّسةِ انطباعاتٍ كثيرةً على شخصكَ، مهما استمررت وحاولتَ أن تغيّر من ذلك مُستقبلًا، ورُبَّما تنجحُ في ذلك، لكنَّك ستحتاجُ وقتًا طويلًا وجهدًا أكبر في إزالةِ الشَّوائب الَّتي عَلِقَت بكَ.

تحدثَّ إليَّ صديقٌ منذُ فترة عمَّا كان يُعانيهِ داخلَ مؤسَّسته، وخاصَّة فيما يتعلَّقُ بالانطباع الأوَّل، حيثُ كان مديرُه ينعتُه عندَ زملائه أو الأشخاص الجُدد القَادمين إلى المؤسَّسةِ بـ "المتشدِّد"، وهو نعتٌ لا ينطبقُ على شخصيَّتِه تمامًا، كانَت النعوتُ من

مسؤوله لا تتعدَّى حاجزَ السُّخرية، فاضطرَّ هذا الصَّديق للجلوس مع مسؤولهِ، وطلبَ منه بشكلٍ لبقٍ أن يتخلَّى عن هذه السخرية وخاصَّة أمامَ زملائه الجُدد، وبالفعل استجابَ المسؤول بكُلِّ تفهُّمٍ لطلبهِ.

تذكَّر كذلكَ، أنَّك إذا كنتَ في بداية مشوارك المهنيِّ مع مؤسَّسة، فلستَ مطالبًا بأن تحقِّقَ إنجازاتٍ أو بطولات، فقَد تهوي بكَ إلى إخفاقاتٍ في كثير من الأحيانِ لم تكُنْ في الحسبان، ما يعنيكَ في هذه المرحلةِ هو أن تصبَّ جلَّ اهتمامكَ وتركيزك على التكليفاتِ أو المهامِّ المناطةِ بكَ على أكملِ وجهٍ، وتذكَّرْ كذلك أنَّ جلَّ التَّقييمات والملاحظاتِ من زملاءٍ وإداريين ومسؤولين ستكونُ مُنكبَّةً عليكَ، باعتبارك وجهًا جديدًا على مكان عملٍ سبقَك إليهِ العَشرات أو المئات من الموظَّفين، وكوَّنوا علاقاتٍ، ورسمُوا خيوطًا وشبكاتٍ وحدودًا بينَ بعضهم البعض.

ضعْ في حسبانكَ في بدايةِ محطَّتكَ الوظيفيَّة أن تكونَ مستعدًّا، وتتقبَّلَ رفعَ رايةِ الاستسلام أمامَ أيِّ ملاحظاتٍ أو تقييمات سلبيَّة من مَرؤوسيكَ؛ لأنَّك في هذه المرحلةِ لن تكونَ سِوَى الحلقةِ الأضعف، مهما كنتَ مُحقًّا في وجهة نظركَ، واحرصْ دائمًا على الاعتذارِ، والتَّأكيد أنَّك ما زلتَ جديدًا على نظامِ العَمل في مؤسَّستكَ، وسوف تعملُ على إصلاح وتدارُكِ ما

نتجَ عنكَ من أخطاء، حتَّى وإن كنتَ تعتبرُها ليست بأخطاء؛ لأنَّ ذلك سيدعمُ صورتَكَ الجديدةَ الَّتي ستُرسم حولَك، وهي: "الموظَّف المرن" الَّذي يقبلُ الانتقادَ، ويحاول إصلاحَ وتداركَ ما أفسدَه دائمًا.

أذكرُ في بداية عملي في إحدى المؤسَّسات، أنَّني كنتُ أُجهِدُ نفسي، وأعملُ فوقَ طاقتي ومَهامي المُكلَّف بها، وأحاولُ أن أبتكرَ أفكارًا جديدةً خلَّاقة، لكنَّني كنتُ أسألُ مُديري بشكلٍ دوريٍّ عن مَدى رضا الإدارة عن قسمِنا، كانَ الرَّجلُ يتجاهَلُ تساؤلاتي، وعندَما ألحَحتُ عليهِ في بعض الأحيانِ وتساءَلتُ عن عدمِ تلقِّينا إشادة خاصَّة من الإدارة، أشاحَ بوجهه نحوي وقال: "اسمعْ.. عليكَ أن تتعلَّمَ شيئًا مهمًّا في عملكَ، ألا وهو إذا مرَّ عليكَ يومٌ ولم تتلقَّ فيه انتقادًا أو اعتراضًا من مُديركَ، فهذا يعني أنَّ عملكَ على ما يرام، ولا داعي أن تنتظرَ الإشاداتِ في كُلِّ يوم"، ومن تلك اللَّحظة تعلَّمتُ الكثيرَ عن أسرارِ الحياة المهنيَّة.

اعملْ على تهدئةِ نفسكَ في بداية مشوارك المهنيِّ، حينَما تنصدمُ بوجود أنواعٍ متعدِّدة وغريبة من الشخصيَّات الَّتي ستتعاملُ معها، كالمجنونةِ والعاقِلة، والمريضة والسويَّة، والحاقدة والصَّافية، والمتعالية والمتواضِعة.. وغيرها الكثير، عليكَ التحلِّي بالصَّبر قَدرَ الإمكان مع كُلِّ هذه الاختلافات، فلن

تجدَ البيئاتِ المهنيَّةَ على ذائقتكَ، ولن تجدَ طريقَك مفروشةً بالورد والحرير.

عندَ بداية عملي في إحدى المؤسَّسات تواصلتُ مع أحد المسؤولين العَرب المقيمين في الأممِ المتَّحدة في يومٍ من الأيَّام، بشأنِ تصريحٍ صحفيٍّ خاصٍّ بتكليفٍ وتشجيعٍ من مُديري الأوَّل في أحدِ الأقسام، مضى الأمرُ على ما يرام حينَها، ونُشر التقريرُ باسمي في إحدى الصُّحفِ، لكنَّني تفاجأتُ بعد هذا التقرير بأيَّام وأسابيعَ، بتغيُّر أسلوب مُديري الثَّاني تجاهي، فقد زادَتْ عصبيَّتُه دونَ سبب، وباتَت قراراتُ رفضِه لأعمالي تتزايدُ على غير العادة، شكوتُ هذا الانطباعَ إلى مُديري الأوَّل، وسألتُه إن كنتُ مقصرًا، أو ارتكبت خطأ لا يُغتفر، التفَتَ إليَّ وهو يدخِّن سيجارته بمزاجٍ عالٍ، وقال لي: "لا تُرهِق نفسَكَ كثيرًا، فتواصُلكَ مع ذلك المسؤول، ورؤية اسمكَ في أحدِ التَّقارير سبَّبَا له كُلَّ ذلك الهوس".

تفاجأتُ من ردِّ المدير، ومن تفسيرِه الشَّخصي الَّذي لم يخطُر ببالي على الإطلاق، صَمَتُّ حينَها وذهبت لأُكملَ مَهامي في مكتبي.

الدَّرس الَّذي تعلَّمتُه من هذا الموقف، وبغضِّ النَّظر عن مدى صدقِ روايةٍ أو نظريَّة مديري الأوَّل عن الثَّاني – وإن كنتُ أميلُ لها بقوَّةٍ، بحكمِ معرفةٍ بعضِهما – هو أنَّني سأعملُ بكُلِّ ما أوتيتُ من قوَّةٍ بصمتٍ دون أن أتفاخرَ، وأنَّ ردِّي على كُلِّ انتقاصٍ من شخصي أو عملي أو ثقافتي سأُترجمُه ميدانيًّا عبرَ تسطير النَّجاحات، وهذا ما يجبُ عليكَ أن تفعلَه أنتَ عزيزي الموظَّف؛ فلا تلتفتْ لسفاسفِ الأمور في مؤسَّستكَ، وما قيل ويقال إزاءكَ أو إزاء الآخرين، اعملْ وأتقنْ عملَكَ، وحافِظ على سمعتِكَ، ودعِ النَّجاحَ يتكلَّم عنكَ ويجبر الآخرين على تداولِ اسمكَ في حضورِكَ أو غيابكَ.

قلِّل في بداياتكَ المهنيَّة كذلك من سقفِ توقُّعاتِكَ للجانب الماديِّ، مقابل إهمال الجَوانبِ الأخرى الأساسيَّة: كالمحيطِ المهني، والإدارة، والحَوافِز، وسمعة المؤسَّسة.. وغيرها من الأمور الَّتي يُمكنُها إغناؤك أو إشباع غريزتكَ للجانبِ الماديِّ، ولا تتسرَّع كثيرًا في هذا الشأنِ، ستتدرَّجُ في خبراتِكَ لتصلَ لمستوى الرُّتبة المهنيَّة أو الرَّقم الماديِّ الَّذي تطمحُ أن تصلَ له عاجلًا أو آجلًا.

الفصل الثَّاني
أحبِبْ مهنتَكَ

أنتَ الآن في هذه المرحلةِ بدأتَ تُؤسِّس لحياتِك المهنيَّة المستقبليَّة، وتضعُ أقدامَك على السكَّةِ الصَّحيحةِ، فتذكَّر في هذه المرحلةِ أنَّ مهنتَك الَّتي اخترتَها هي لقمةُ عيشِكَ الَّتي تدرُّ عليك راتبًا شهريًّا يُساعدكَ في توفيرِ احتياجاتكَ واحتياجات أسرتكَ، ويحفظُ ماءَ وجهِك عن سؤال النَّاس، علاوة على ذلك، أنتَ مَن اختارَ خوضَ غمارِ المُعترَكِ المهنيِّ بمحضِ إرادته، فإذا كانتْ هذه الوظيفةُ تتطابَقُ مع شهادتِكَ الجامعيَّة، فذلك أمرٌ حسن، وإن كانت غير ذلك، فستحتاجُ للتأقلُمِ معها، ومبادلتها فصولًا من المودَّة وبعضِ الاحترام، حتَّى تجدَ مهنةً تحبُّها وتحبُّكَ وتستمتع بالعَمل والتَّعب فيها.

حبُّ المهنة يا صديقي العزيز، سيعطيكَ مُولِّدًا طبيعيًّا لا يمكنُكَ تصوُّره، ويفتحُ عليك أبوابًا لَم تَحسَب أنَّها ستُفتَح،

وصدِّقْني، رغم الضُّغوطاتِ والمتاعِب الملقية على عاتِقِك، إلَّا أنَّك إذا أحببتَ عملك، فستعطي عقلَك الباطنيَّ جُرعةً إضافيَّة كي يستمرَّ في المزيد من العَطاء؛ لأنَّ العقلَ البشريَّ لا حدودَ له في العطاء والإبداع.

هذا الجانبُ ينقلني إلى حكمةِ الفيلسوفِ الصينيِّ الشَّهير "كونفوشيوس" الَّتي تقول: "إنَّ عملَك في وظيفةٍ تحبُّها سيجعلك مُستمتِعًا في أدائها لدرجةِ التَّركيز التامِّ دونَ أيِّ جهدٍ يؤثِّر سلبًا على صحَّتكَ العقليَّة أو الجسديَّة".

وجدتُ من بعضِ الزُّملاء الَّذين شرفتُ بالعملِ معهم طوالَ فتراتٍ طويلةٍ أو منقطعة، حبًّا لا يكادُ يوصَف لمهنتهم؛ حيثُ تجدُهم يسهرون ساعاتٍ طوال، ورُبَّما عملوا لساعات خارج العمل، أو من المنزل، حتَّى أنَّ بعضهم كانَ يصطحبُ أطفالَه إلى مكان عمله لاضطراره إلى ذلك، والبعض الآخر كانَ يأتي إلى مكانِ العَمل بإصابته.

لن تستطيعَ إقناعي بأنَّك ستنتجُ وتبدعُ في مكانِ عملٍ وأنتَ لا تُحبُّه، إنَّ بيئتك المهنيَّة تأخذُ منك ساعاتٍ أطولَ من استقرارك في منزلكَ أو في أيِّ مكانٍ آخر، فمكانُ عملِكَ هو بيتُكَ الثَّاني إن لَم يكُن بيتُك الأوَّل؛ وبالتَّالي لن ترتاحَ في منزلك إذا كنتَ لا تحبُّه، وستضطرُّ إلى الانتقال أو الإهمال.

إنَّ حبَّ المهنة يتولَّدُ من شغفِكَ الدَّاخليِّ الَّذي يُحرِّككَ لفعل هذا العمل؛ لأنَّكَ ترى فيه انعكاسًا لسنواتٍ قضيتَها في دراستِك، أو أُخرى قضيتَها في التدرُّبِ على بعضِ المهارات، ولدينا عشراتُ الأمثلةِ من النَّماذج الَّتي تتحدَّثُ عن هذا الشَّأن.

الفصل الثَّالث
اعملْ بذكاءٍ

"الموظَّفُ النَّاجح لا يكتفي بالمهامِ المناطةِ به، بل يسعى جاهدًا أن يكونَ عنصرًا فاعلًا في مؤسَّسته"، بهذا المبدأ وضعتُ أسسًا لا أحيدُ عنها في جلِّ المؤسَّسات أو الشَّركات الَّتي عملتُ فيها.

وجدتُ من بعضِ الزُّملاءِ في حياتي المهنيَّة رغبتَهم في اكتسابِ العديد من المهاراتِ الحيويَّة والمهمَّة في عصرنا الحالي، فتارةً أجدُ زميلًا أصدر روايته الأُولَى، وهي تتكلَّم عن أزمةِ المهاجرين في البحر وما خلَّفتْها من مآسٍ وآلام، وتارةً أجدُ آخر يُخبرني بأنَّه باتَ مُحترفًا في برامجِ المونتاج "والفوتوشوب"، أمَّا البقيَّةُ منهم فأجدُ أنَّهم أسَّسوا شركاتٍ خاصَّة، وبدؤوا في أعمالهم الحُرَّةِ من وراء مكاتبهم.

لا أعني من كلِّ هذا الكلامِ أن أدعوكَ للجلوسِ في مكتبكَ وإهمال عملك الرَّئيسي، لكنَّني أريدُ أن أُفهمَكَ أنَّ الشَّغفَ والإبداعَ لا حدودَ لهما، ولا عذرَ لكَ في قولِ "لا أجدُ متَّسعًا من

الوقتِ"، بل أؤكِّدُ لكَ أنَّ وقت الفراغِ لديكَ ولديَّ أكثر ممَّا نظنُّ، فالوقتُ الَّذي تَقضيه مع زميلٍ تُبادلُه النّكاتِ، أو للمكوثِ في بعضِ الزَّوايا الضيِّقةِ لتدخِّنَ سيجارتكَ، أو عندَما تُقلِّبُ هاتفك وأنتَ تُتابع صفحاتٍ اجتماعيَّة تافهة لا يجني أصحابُها إلَّا ملايين الدُّولاراتِ من وراءِ مُتابعتكَ لهم، هو جزء من أوقاتِ الفَراغ الَّذي نخسره ونحن لا ندري.

وإن سألْتَني عن جَدوى هذه المهاراتِ إن كانَت لا تصبُّ في تخصُّصِكَ أو عملكَ الَّذي أنتَ فيه الآن، فسأوافقُكَ الرَّأيَ، لكنَّني أعيدُ تذكيرَكَ إنَّ عالمَنا المُتسارعَ اليوم لن ينتظرَ شهادتَكَ الجامعيَّة أو خبراتِكَ المتراكمة في مهنةٍ واحدةٍ عشراتِ السنين كي ينجزَ الأعمالَ، فالصَّحافةُ الرَّقميَّة مثلًا تحتاجُ لمبدعين ومُحرِّرين ومُترجمين وتقنيِّين ومهندسي صوتٍ وفيديو.. وهي سلسلة متراكمةٌ، فلمَ لا يكونُ لكَ نصيبٌ في اثنتين أو ثلاث منها؟

لدى العديدِ من المؤسَّساتِ شواغرُ تحتاجُ لمِلئِها بالكفاءات، فإذا سوَّقتَ لنفسِكَ بالطَّريقة الصَّحيحةِ لبعضِ المهاراتِ أو القُدراتِ الَّتي تعتقدُ أنَّكَ تملكُها داخلَ مؤسَّستكَ، فستكسبُ نقاطًا كثيرةً لصالحِكَ، وستوَفِّرُ على مؤسَّستكَ عناءَ توظيف فرد جديد، وما يَتبع ذلك من إجراءاتٍ روتينيَّة مطوَّلة.

ضعْ في حسبانِكَ أنَّكَ إذا كنتَ مُوظَّفًا تمتلكُ مهاراتٍ قويَّةً في تخصُّصِكَ، وبعضَ المهارات الأساسيَّة في تخصُّصاتٍ أخرى مهمَّة في عصرِنا الحديث، فإنَّكَ ستكون موظَّفًا أشبهَ بالعُملة النَّادرة، فأغلبُ الَّذين تراهم يرتادون وظائفَهم بُكرةً وعشيَّةً، اختاروا أن تقتصرَ مهامُهم الوظيفيَّة على تخصُّصِهم، أو على الأقلِّ ما يُطلَبُ منهم فقط، أمَّا أنتَ، فاخترتَ أن تكونَ موظَّفًا شامِلًا سيحتاجُك أغلبُ مَن يعملُ في مؤسَّستِكَ في يوم من الأيَّام، أو على الأقلِّ ستكونُ جزءًا من عمليَّة المشورةِ أو اتِّخاذ القراراتِ المهمَّة.

ساءَني موقفٌ حدثَ معي خلالَ الأيَّام الأُولَى مِن تَعييني في إحدى المؤسَّساتِ الصحفيَّة، كانتِ المؤسَّسةُ تحملُ رؤيةً واضحةً في تعيين أفرادٍ أشبه بـ"صحفيين شاملين"، أي؛ إنَّ الصَّحفي الَّذي يعملُ لديها يجبُ أن يكونَ مُلمًّا بأغلب الملفَّات السياسيَّة وما يتبعُها من ملفَّاتٍ اقتصاديَّة وأخبارٍ عامَّة أخرى، كما كانتِ المؤسَّسةُ ترى أنَّ الصَّحفيَّ المنضمَّ إليها لا يجبُ أن تقتصرَ مهامُه على كتابة التَّقارير فحسب، بل سيحتاجُ إلى تسجيلِ الأصوات، وإنتاج الصُّوَر والفيديوهات عبر الغوص في مهامٍ تقنيَّة بحتةٍ بعيدة كُلَّ البُعد عن المهارات الصحفيَّة التقليديَّة.. كنتُ مُمتعضًا أشدَّ الامتعاض حينَها، بل وفكَّرتُ في

تقديم الاستقالةِ؛ لأنّني رأيتُ نفسي شخصًا عاجزًا أمام كُلِّ تلك المتطلَّبات، بل وأقنعتُ نفسي وَمَنْ حولي بأنّني صحفيٌّ تقتصِرُ مهامُه على كتابة التقارير فقط، لكن ما دفعَني إلى المضيِّ قُدمًا أمامَ كُلِّ تلك المتطلَّبات الّتي رأيتُها أشبهَ بالتعجيزيَّة، هو رؤيتي لمَن حولي من الموظَّفين ومن هُم يصغروني سنًّا، يتطوَّرون ويتعلَّمون من ذاتِ أنفسهم طُرقَ العَمل على تلك البرامج، شعرتُ حينَها بالحَرج، وأنَّبْتُ ضميري، واستصغرتُ ذاتي، ولم أتمالكُ نفسي، وبدأ نهمُ المعرفةِ والسَّعيِ وراءَ أدقِّ التَّفاصيل التقنيَّة يستحوذان على ذهني ويتملَّكان وجداني، وشيئًا فشيئًا بدأتُ أتعلَّمُ مهارةً تلوَ أخرى من هذا الشَّخص وذاك، رغم انشغال الجميع بمهامِهم اليوميَّة، واعتذار بعضِهم عن تقديم المشورةِ.. والآن بعدَ سنواتٍ من التعلُّم، أرى نفسي خبيرًا وفردًا قادرًا على تقديم دوراتٍ تدريبيَّة في هذا المجال، بل وتعلَّمتُ صنوفًا من الاختصاراتِ السريَّة على برامجِ المونتاج والفيديو، لدرجةٍ أنَّني يمكنُني العمل عليها لفترات أقصر من بقيَّة الموظَّفين.

تُذكِّرني كُلُّ هذه الأحداث بقانون "مانسون" في التجنُّب، والَّذي يقول إنَّه كلَّما ازداد خطرُ شيء ما على هويَّتكَ، ازدادَت محاولتُكَ لتجنُّبِه، أي إنَّه كلَّما أتتكَ فرصةٌ لتغيير ما أنتَ فيه، فإنَّ القِيَم الَّتي بداخلكَ والَّتي ترى أنَّها مُقدَّسةٌ، وتهدِّدُ جانبًا من

راحتكَ فستكون مخيفةً، وسترفُضُها بقدرِ رفضِك للفشلِ، وبالتَّالي ستحاولُ البقاءَ على ما أنتَ فيه، وستحمي تلك القِيَم الَّتي بداخلكَ وتعملُ على استمرارها.

وفي السِّياق ذاته، وتعليقًا على الأحداثِ الَّتي عايشتُها في تلك المؤسَّسة، يقول مارك مانسون في كتابه "فنُّ اللا مبالاة": "إنَّ هناك نوعًا من الغرقِ في الذَّات، يأتي مع الخوف المستندِ إلى يقينٍ غير عقلانيٍّ؛ بحيثُ ترّوجُ لِمشكلتِكَ أمامَ النَّاس وكأنَّها حالةٌ استثنائيَّة يجبُ التعامُل معها باستثناء، وهي حالةٌ نرجسيَّة لا أكثر ولا أقلّ، يجبُ التخلُّصُ منها وإقناع النَّفْس على تعلُّم مَخارجَ سريعةً لأزماتِها، حتَّى تستطيعَ الاستمرار".

في إحدى وظائفي السَّابقة، رغبَتِ المؤسَّسةُ أن تُدخلَ نظامًا جديدًا للتَّحرير الصحفيِّ أكثر تطوُّرًا من السَّابق، وأجبرَتِ العديد من الصَّحفيين والتقنيين أن يتعلَّموا المهاراتِ الجديدة، وعندَ سؤالي لأحدِ المديرين عن العوائقِ الَّتي قد يواجهها زملاؤنا الأكبر سنًّا، قال لي: إمَّا أن يتعلَّمَ، أو أن يجلسَ في بيته.

الفصل الرّابع
استثمِر في قُدراتِكَ

تعلَّمتُ من خبراتي السَّابقة ألَّا أقتصرَ على ما يُطلَب منّي من مهامٍ، شعرتُ أنَّ انتظار التَّكليفات بحدِّ ذاته يُعدُّ جانبًا سلبيًّا، وجدارًا فاصلًا أمامَ مسيرة التطوُّرِ وصقل المهاراتِ، كانت نوعًا من المغامرَة الجريئة بالفعل؛ لأنَّني لَم أتقاضَ من وراء تلك المبادرات مبالغَ ماليَّة أو حوافز، لكنَّها أكسبَتْني شعورًا داخليًّا بالرِّضا عن النفس وتجاوز الصعوبات.

كان لدى إحدى المؤسَّسات الَّتي عملتُ بها مُترجمًا واحدًا فقط، يبلغ من العُمرِ سبعين عامًا، كانت خبراتُه المتراكمةُ لا مثيل لها؛ فقَد عَمِلَ في السِّفارة الأمريكيَّة في بلادِه، وتدرَّجَ في وظائفَ أُخرى، حتَّى وصلَ إلى مؤسَّستي.. كانَ الرَّجلُ حاذِقًا ومحبوبًا من الجميع، لكنَّ مشكلتَه كانت في بطءِ وتيرةِ عملهِ، كيفَ لا، وعمرُه قد جاوزَ السَّبعين؟! أصبحَ في العديد من المرَّاتِ

يتلقَّى ملاحظاتٍ من رؤساءِ التَّحريرِ والمديرين الآخرين، بشأنِ وتيرة عمله تارةً، ونسيانِه مراجعة بريدِه الإلكترونيّ بشكلٍ مستمرٍّ تارةً أخرى.. لكن ما حيلتُه أمامَ تلك الملاحظات سِوَى القبول بها؟!

لاحظتُ ذلك القصور، ومدى تأثيره السلبيّ على وتيرة العمل اليوميَّة، وبالفعلِ قرَّرتُ أن أساهِمَ ولو بجزء بسيطٍ في ترجمةِ الموادِ والتَّقارير الصَّحفيَّة، روّجتُ لنفسي وللخِبراتِ الَّتي أمتلكُها في ترجمةِ النُّصوصِ الإنجليزيَّة والفرنسيَّة كذلك، كانَ شعورُ الإدارة حينَها لا يُوصَف، فقَد رحَّبُوا بمبادرتي، وبدأتِ التَّقارير اليوميَّة الَّتي تحتاجُ إلى ترجمةٍ سريعةٍ تنهمرُ عليَّ، وأصبحتُ عنصرًا هامًّا لا غنًى عنه في الوتيرة اليوميَّة للتَّقارير المترجَمةِ، حتَّى أنَّ اجتماعاتِ التَّحريرِ الَّتي تقتصرُ على حضور المديرين، كنتُ مدعوًّا إليها بكثرة حتَّى أشارِكَ في ترجمةِ بعض المصطلحاتِ، وهكذا أجبرتُ الإدارةَ على تداولِ اسمي كي أصقلَ مهاراتي أكثر، وأكونَ جزءًا ولو بشكلٍ يسير داخلَ مطبخ صُنع القراراتِ اليوميَّة.

أنتَ كذلك تستطيعُ فِعلَ أضعافِ ما فعلتَه، وبطُرقٍ ذكيَّة أكثر، يمكنُك أن تسدَّ ثغرةً أو نقصًا في بعض جوانب العَمل، أو أن تروّجَ لنفسِك حينَما تجدُ شاغرًا يحتاجُ لموظَّفٍ.. لكنَّ عمليَّة

التوظيف ستكونُ بطيئةً وتتأثَّر عجلة الإنتاج، وبإمكانك أن تكسبَ مبلغًا ماليًا مُجزيًا إن كانَت مؤسَّستُكَ قادرةً على تغطيةِ تلك التَّكاليف، أو أن تحجزَ اسمك في الرِّحلات الخارجيَّة للمؤسَّسةِ إن تطلَّبَ العمل ذلك.. وهكذا أنتَ استثمرتَ في نفسِكَ، وأقنعتَ مؤسَّستكَ أن تستثمرَ فيكَ.

عندَما وظَّفَتني إحدى المؤسِّساتُ الصحفيَّة، شعرتُ أنَّني قد أُلقيتُ دون أيِّ مبالاة في قسم المنوَّعات، ثمَّ انتقلتُ إلى قسمِ الاقتصاد، وذلك لوجودِ نقصٍ فيهِ، ورغم أنَّ العملَ لم يكُنْ مُرهقًا في هذين القسمَين، بل ومسؤوليَّة التَّقارير التَّابعة لهما كانت في مستوى أقلَّ، لَم أجد نفسي مرتاحًا في هذين القسمين، أكملتُ أسبوعي الأوَّل، ثمَّ الشهر الأوَّل بكُلِّ صعوبة، وقرَّرتُ بعدَ ذلك عرضَ فكرتي على المدير.. استمعَ إليَّ بكُلِّ إنصاتٍ في البداية، لكنَّه قاطعَني وطلبَ منِّي المكوثَ فيهما لوجودِ الحاجة، إلَّا أنَّني استمررتُ في شرح وجهة نظري، وأكَّدتُ له أن عمليَّة الإنتاج ستتأثَّر لانعدامِ رغبتي في العَمل، وبالفعلِ، طَلبَ منِّي في نهاية المطاف تقديمَ طلبٍ رسميٍّ للانتقال إلى القسم السياسيّ لعَرضه على رئيس التَّحرير، وبعدَ أسبوعٍ واحدٍ جاءَت الموافقةُ على تعييني في القسم الَّذي أحببتُه ورأيتُ أنَّ إنتاجي فيه سيكون مُختلفًا ومتميزًا عمَّا سواه.

الفصل الخامس
تعلَّمْ مِن الخذلانِ

دعْني أؤكِّد لكَ أنَّ ما مِن شيء في هذه الحياةِ إلَّا ويعتريهِ النَّقص والخذلان، والبحر الهادِئ لن يصنعَ منكَ سبَّاحًا ماهرًا، بل ستحتاجُ في الكثير من المرَّاتِ أن تسبحَ عكس التيار.

في إحدى المرات، كُلِّفتُ بالإشراف بشكلٍ كاملٍ على تقارير لمجلةٍ دوريَّة، طُلبَ منِّي حينَها أن أتابعَ كُلَّ ما يتعلَّقُ بالنُّصوص والصُّور والتَّرجمات والتَّغطيات وكلمة البداية والختام.. إضافة إلى التواصُل مع كتَّابٍ مستقلين لكتابةِ مقالات خاصَّة بشكلٍ مجانيٍّ، كانَتِ المهمَّة شاقَّةً لإقناعِهم، لكنَّني توجَّهتُ إلى الكتَّابِ المغمورين المتميِّزين، وبالفعل استطعتُ إقناعَ عددٍ منهم بالمشاركة، سارَ كُلُّ شيءٍ حينها على ما يرام، وسلَّمْنا الأعمالَ الصحفيَّة في وقتها المحدَّد، لكنَّ أسلوبَ المسؤول آنذاك كانَ شائنًا بكُلِّ المقاييس؛ فقَد كانَ يقودُ بنفسه الاجتماعات الرسميَّة

مع المؤسَّسةِ المالكة للمجلَّة، وكانَ يَنسِبُ كُلَّ الأعمال والتَّقارير لنفسه، فضلًا عن تأخُّرِه في تسليمنا المستحقَّات الماليَّة؛ لذلك قرَّرتُ مع فريق العملِ أن نكملَ المهمَّة، ونتركَ العملَ في المجلَّة نهائيًا، لكنَّ المسؤول أصرَّ أن يحاسبَنا على تقصيرِنا – وفقَ رؤيتِه – عن ساعاتِ العَمل في المكتب، رغم أنَّ العملَ في المجلَّة كان لا يتطلَّب حضورًا شخصيًّا.. كانَت التَّجربةُ فاشلةً بكُلِّ المقاييس، لكنَّها أكسبَتْني درسًا مهمًّا، وهو ضرورة وضع النِّقاطِ على الحروفِ قبلَ البدءِ في أيِّ مهمَّة، وتسوية أيِّ لبسٍ أو خلافاتٍ مع الأطراف الأخرى؛ حتَّى لا تخسرَ حقوقَكَ الماديَّة، أو تستنزفَ طاقتَك ووقتكَ من دون فائدةٍ تُذكَر.

تعرَّضتُ لخذلانٍ من نوعٍ آخر في مؤسَّسةٍ أُخرى، عندَما قدَّمتُ نفسي للعملِ فيها، كنتُ مُطالَبًا بالحضور لاجتيازِ اختبارٍ مدَّته أسبوعٌ واحدٌ، وعندَما أكملْتُ ذلك الأسبوعَ، طلبَ رئيسُ التَّحرير من بقيَّة رؤساءِ الأقسام إبداءَ آرائِهم في عملي وإمكانيَّاتي الَّتي تؤهِّلني لشغَلِ ذلك المنصبِ، وصُدِمتُ حينها عندَما أخبرَني أحدُهم أنَّ رأيَ الكثيرين في ذلكَ الاجتماع كان سلبيًّا، والبعض الآخر تحفَّظَ عن الإجابةِ، أمَّا المؤيِّدون فلم يتجاوزُوا شخصًا واحدًا، وذلك حينَما أبدَى نصيحته باقتناص فرصةِ تعييني

للمُساهمةِ في تحسين دورةِ العَملِ بحكمٍ صغرِ سنّي آنذاكَ مقارنة بالبقيَّة.

صدرَ قرارُ تعييني بالفعل، كدتُّ أن أطيرَ فرحًا من هولِ الصَّدمةِ، لكنَّ ردَّ المديرِ كانَ مُحبِطًا لي بعضَ الشَّيء، طلبَ منِّي القدومَ إلى مكتبه، وأخبرَني أنَّ قرارَ تعييني قد صدرَ، لكنَّه قال لي: أريدُك أن تكونَ ثقيلًا بعضَ الشَّيء في المؤسَّسةِ، وتتركَ "الخِفَّةَ" الَّتي فيكَ، تقبَّلتُ ذلكَ بصدرٍ رحبٍ، وشكرتُه على تعييني، ثمَّ خرجتُ من مكتبِه وكلماتُه في أذنيَّ حتَّى اليوم.

أنتَ كذلك، ستتعرَّضُ للعَشرات من مواقفِ الخذلان والانكسار والإحباط من مرؤوسيكَ، أو حتَّى من زملائكَ، ستتعرَّضُ في الكثير من المرَّات لتجاهُلِ أفكارِكَ مثلًا، أو تحجيمِ قدراتكَ وإنجازاتك.. دافعْ عن ذلكَ ما استطعْتَ، واحرصْ كُلَّ الحرص أن تختارَ الشخصيَّةَ المناسِبةَ لعَرضِ مقترحِكَ أو رؤيتكَ أو حتَّى اعتراضاتك؛ لأنَّ اختيارَكَ للشَّخصِ الخطأ سيُكلِّفُكَ ويُضيّعُ عليكَ فرصًا كثيرة، يقولُ الدِّبلوماسيُّ الجزائريُّ المُخضرَم الأخضر الإبراهيميُّ: "لا تطلبْ من الواقعِ أن يمتثلَ لقواعدِكَ الأساسيَّة، بل غيِّر أنتَ من قواعدكَ الأساسيَّة؛ كي تتكيَّفَ مع الواقع."

الفصل السَّادس
قيِّمْ نفسَكَ في اجتماعاتِكَ

جلُّ المؤسَّسات في بلدانِنا إن لم يكُنْ كلُّها، تحتاجُ لاجتماعاتٍ روتينيَّة بين المديرين ورؤساء الأقسامِ، وأحيانًا معَ الموظَّفين.. تنصبُّ أهدافُ هذا الاجتماعِ في تحديدِ المهامِ اليوميَّة، ومُناقشةِ المستجدَّات الخاصَّة بالمؤسَّسة، وتقييم الأعمالِ والأهدافِ المؤجَّلة أو المنفَّذة.

لهذه الاجتماعاتِ وتيرةٌ خاصَّة ومعروفةٌ على صعيد المؤسَّساتِ، بعضُها يكونُ مُملًّا، وبعضُها يكونُ مُفيدًا للموظَّف أو للمدير.. لديكَ الحريَّة الكاملةُ في أن تكونَ عنصرًا فاعلًا في تلكَ الاجتماعاتِ، أو أن تلتزمَ بما تُسألُ عنه أو تُناط به من مهامٍ وتكليفات، لكن لا تنسَ أن تكونَ مُستعدًّا أتمَّ الاستعدادِ لتلكَ الاجتماعات، فهي تتطلَّبُ حضورًا شخصيًّا قويًّا واعيًا بما يحدثُ من مستجدَّاتٍ، ومُلمًّا بالأحداثِ السَّابقة، هذا بالإضافةِ إلى أن تكونَ مُستعدًّا للتَّوبيخ في

حال تقصيرِكَ، وستحتاجُ حينَها أن تبحثَ عن ردودٍ قويَّة ومُقنعة كي تدعمَ موقفك، وإلّا ستنقلبُ هذه الاجتماعاتُ وبالًا على شخصِكَ أو تقييمكَ، أو على أقلِّ حالٍ ستضيّعُ من وقتِكَ الوظيفيّ.

عندَما كنتُ أعملُ في إحدى المؤسَّسات، طَلَبَ رئيسُ القسمِ منّي حضورَ الاجتماعاتِ اليوميَّة عندَ الظَّهيرةِ، بالتداولِ مع مسؤولِ القسمِ آنذاكَ والموظَّفين الآخرين، وبحكمِ محبَّتي للعَمل الليليِّ كانَ الحضورُ مُبكِّرًا للمؤسَّسةِ، والتَّحضير للبنودِ والمهام الَّتي ستُناقَشُ في تلك الاجتماعاتِ مُرهِقًا لي، بل وأصبحَ هاجسًا يوميًّا مُتكرِّرًا، كنتُ أُجهَدُ في إظهارِ الحضورِ الشخصيّ والذِّهنيّ في تلك الاجتماعات، لكنَّ بعضَها كان يستغرقُ وقتًا طويلًا عندَما يدورُ الحديث عن أمورٍ جانبيَّة لا غِنّى لها عن العَمل، وبالتَّالي اعتذرْتُ بلُطفٍ لرئيس القسمِ، وطلبتُ منه أن يقتصرَ حضوري لأيِّ اجتماعٍ عندَ الضَّرورة القصوى، أو حينَما يتعذَّرُ حضورُ الزُّملاء الآخرين، وبالفعل تفهَّمَ رئيسُ القسم مَوقفي، واحترمَ رغبتي.

الفصل السَّابع
تحكَّمْ أنتَ في التنمُّر

لا تخلو المؤسَّسات أو الشركاتُ في بلداننا – مثل بقيَّة البلدان من حول العالَم – من ظاهرةِ التنمُّر، سابقًا كانَت الدِّراساتُ العلميَّة تُصنِّفُ مُصطَلَح "التنمُّر" بينَ الأطفال، وهو شكلٌ من أشكالِ التَّهديدِ اللَّفظيّ وحتَّى الجسدي، يؤدّي فيه المتنمِّر دورًا مُهينًا؛ بهدفِ التَّقليلِ من قُدراتِ أو إمكانيَّات الطَّرف الآخر، لكنَّه تعدَّى ذلك، وأصبحَ ظاهرةً مُنتشرةً بينَنا في المؤسَّسات والمنازل والشوارع...

أرى أنَّ التنمُّر حالةٌ شخصيَّة فريدةٌ مِن نوعِها بينَ مختلفِ الشخصيَّات الأخرى، فهي تتهكَّمُ وتنتقصُ من كُلِّ مَن يُقابلُها من الشخصيَّاتِ، على الصَّعيدِ البَدني أو النَّفسيّ أو الفكريّ.. وهي تعكسُ أزمةً نفسيَّةً داخليَّة، وشعورًا بنقصِ الذَّاتِ يُرافِقُ

المتنمّر؛ بحيثُ لا يهدأ ولا يطمئنُّ حتّى يمارسَ هذا السلوك أمام الشخصيَّة المستهدَفة.

تتأكَّدُ شخصيَّة المتنمّر وتنتشرُ بكثرةٍ في بيئاتنا المهنيَّة، ويصعبُ في الكثير من الأحيانِ الردُّ عليها أو احتواؤها إذا كانَت تتمتَّعُ بالسُّلطةِ داخلَ المؤسَّسات.

عندَما تجدُ هذا الصنفَ من النَّاس في محيط عملكَ، فستحتاجُ لبعضِ التَّكتيكات الَّتي تجنِّبُكَ الوقوع في مصيدتهم:

أوَّلًا: حاولْ بكُلِّ الوَسائل أن تتحاشى شخصيَّة المتنمّر، عبرَ تقليلِ التواصُل معه مثلًا، أو تسليمِ تكاليفكَ الوظيفيَّة لمسؤولٍ آخر ينوبُ عنه.

ثانيًا: إذا لم تجدْ بُدًّا لتفاديه، حاوِلْ بطريقةٍ أو بأخرى أن تتقبَّلَ أسلوبه، وترسمَ ابتساماتٍ تلوَ أُخرى على وجهكَ، وأنصحُكَ بتجنُّبِ الاصطدام معَه، كأن تفرضَ وجهةَ نظركَ بطريقةٍ متعنِّتةٍ، أو أن تقلِّلَ مِن شأنِ قراراتِه أو اعتقاداته؛ فالمسؤولُ المتنمّر خطرُه عليكَ أكثر مِن شخصيَّة متنمِّرة أخرى لا تملكُ سلطة، لا أدعوكَ لأن تكونَ شخصيَّة انهزاميَّة أمامَ مسؤولكَ المتنمّر، بل دافِع عن أفكارِك ورؤاكَ ومقترحاتك بشكلٍ مُعتدِلٍ ولَبقٍ لا يؤثِّر سلبًا عليكَ، وفي المقابل اعملْ على بناءِ جدارٍ خاصٍّ بكَ يمنعُه من البحثِ عن ثقوبٍ يتسلَّلُ خلالها للتنمُّر

عليكَ، فشخصيَّة المتنمِّر دائمًا ما تبحثُ عن الإثارةِ وتتمتَّعُ بها، واعلمْ أنَّ التفادِي دائمًا أفضلُ من المواجهةِ مع هذه الشخصيَّات.

ثالثًا: أرغِمْ نفسَكَ قليلًا بين الفيْنةِ والأُخرى على تقليدِ أو مُجارَاة نفس طُرقِ التنمُّرِ الَّتي يستخدِمُها معكَ أو مع غيرِكَ، لكنْ بشكلٍ غير مُبالغ فيه.

رابعًا: أعلمُ أنَّ النُّقطةَ الثَّالثة ستكونُ صعبةً عليكَ في البداية، لكنَّها واحدةٌ من الطُّرقِ المجرَّبة الَّتي أفادَتْ كثيرًا من الزُّملاء والأصدقاء في أماكنِ عملهم، وستجدُ نفسَك مع مرور الوقت قد تفاديتَ الاصطدامات غير الضروريَّة معه، بل وأرغمتَه على تشتيتِ تركيزه، ودفعتَه كي يوَجِّهَ تنمُّره على الآخرين لا عليكَ؛ لأنَّنا نجدُ في أغلب الأوقاتِ أنَّ شخصيَّة المتنمِّر دائمًا ما تستهدفُ الشخصيَّات الَّتي لا تُشبِهُها، وأنتَ بذلك أجبرتَه على سَلكِ طُرقٍ أخرى بعيدةً عنكَ تمامًا.

في إحدى المرَّات أذكرُ أنَّني كتبتُ تقريرًا صحفيًّا عن موضوعٍ عسكريٍّ يتعلَّق بدولة آسيويَّة، رأيتُ أنَّ التَّقريرَ كان مهمًّا من الناحية التحليليَّة؛ لأنَّه كان يحتوي على آراء مُحلِّلين عسكريين وخبراء إستراتيجيين في ذلك الشأن.

صُدمتُ حينَما سلَّمتُ التَّقريرَ لمديري الأوَّل برَفضِه سريعًا دونَ التمعُّن فيه، بل وأخبرَني – حتَّى من دونِ النَّظر إليَّ – بأنَّ

فكرةَ التَّقرير قديمةٌ، ودعاني في الآن ذاتِه، إلى التَّفكير في كتابة تقاريرَ أُخرى.. انتابَني شعورُ الإحباطِ آنذاكَ، خاصَّة حينَما بدأ يتنمَّرُ على كتابتي للتَّقارير، وأخبَرَني أنَّه كان يعملُ في هذه المهنة قبلَ أن أُولَد.

تقبَّلتُ ذلك التنمُّر على مضض، وفرشتُ ابتسامةً خافتةً على وجهي يعلوها اعتصارٌ داخليٌّ؛ رغبةً في مجاراتِه لا أكثر، وعكفتُ على كتابةِ تقارير أخرى، ومن حُسنِ الحظِّ أنَّ المدير الثَّاني أعجبَه التقرير وأجازه، وانتقدَ أسلوبَ المدير الأوَّل، بل وشجَّعني على مزيدٍ من العَطاء، كما أنَّ الأقدارَ جرَتْ بما لا تشتهي سفنُ المدير الأوَّل، فقد عُزلَ من منصبِه بعدَ فترة قصيرة؛ بسببِ تقصيره في عملِه، وتجاوزات مهنيَّة أخرى.

الفصل الثَّامن
اقبَل الجميع

قِيل في الأثرِ إنَّ الأرواحَ جنودٌ مُجنَّدةٌ، فما تعارفَ منها ائتلفَ، وما تناكرَ منها اختلفَ.

من حقِّكَ ألَّا تحبَّ شخصًا ذكرًا كان أو أنثى، فالحبُّ والكرهُ سمتان يتحكَّم بهما قلبُكَ، والقلبُ يقلِّبُه الله كيفَما شاءَ.

من حقِّكَ كذلك أن تتجنَّب الأشخاصَ الَّذين لا ترتاح لهم، وأن تضعَ حدًّا فاصلًا للعلاقات معهم، إلَّا أنَّ بيئة المؤسَّساتِ تتطلَّب منَّا العمَلَ مع بحرٍ عميقٍ مُتشعِّبٍ من دياناتٍ وجنسيَّاتٍ وأعراقٍ وثقافاتٍ لا حصرَ لها.

علَّمَتني تجاربي المهنيَّة السَّابقة والحاليَّة أن أتقبَّلَ الجميعَ بلا استثناء، وأن أبنيَ صداقاتٍ أستفيد منها وأُفيد، كما تعلَّمتُ أيضًا، أن أضعَ أحكامي الشخصيَّة ومُعتقداتي تجاه من أعملُ

معهم جانبًا، طالما اقتصرَتْ علاقتي معهم داخلَ جدران المؤسَّسة.

حاوِل أنتَ كذلك عزيزي الموظَّف أن تتأقلمَ مع هذا المحيط المتشعِّب، واعتبِرْ نفسَك كالسَّمكة الَّتي تسبحُ وسط عالَم مليءٍ بالكائنات الحيَّة وغير الحيَّة، وستُقابلُ صنوفًا من النَّاس لَم تتوقَّعْ أن تقابلَهم، كُنْ مرِنًا قدرَ المستطاعِ عبر توسيع دائرة المحيطين بكَ، ستجدُ مفعولها سحريًّا في رؤيةِ الأمور من حولك واستنباطاتها، والحكم على مفاهيمك السياسيَّة، أو الدينيَّة، أو الاجتماعيَّة، أو حتَّى التاريخيَّة بمفهوم شمولي أوسع.

لَم أتَلاقَ على صراط واحد مع مُديري السَّابق الَّذي عملْتُ معه في إحدى المؤسَّسات، في بعض الأحيانِ لَم أتقبَّل أن يُكلِّفَني ببعضِ المهام اليوميَّة؛ لأنَّني حملتُ في جعبتي انطباعًا شخصيًّا خاطئًا تجاهَه دونَ أيِّ دليلٍ أو تجرِبةٍ، كما أنَّ تأخُّرَ مُستحقَّاتي الماديَّة في تلك المؤسَّسة أشعلَ بداخلي الإحباطَ والإهمالَ في آنٍ واحدٍ.

استمرَّ الوضع على ما هو عليهِ حتَّى استشاطَ غضبًا علَيَّ في يومٍ من الأيَّام، وذكَّرني بأنَّه مُديري، وأنَّ علَيَّ تقبُّلَ التَّوجيهات بصدرٍ رحبٍ، بدأتُ أفكِّرُ في الأمر بجديَّة، ورأيتُ أنَّ التصادُمَ لم

ولن يُجدي نفعًا معه، ويومًا بعدَ يوم، تحسَّنَتْ علاقتي به كثيرًا، ووجدْتُ محبَّة ومودَّةً واحترامًا منه لم أجدْها عندَ غيره.

أنتَ كذلك، حاوِلْ أن تكتمَ محبَّتكَ أو كرهكَ للأشخاص المحيطين بكَ في مكانِ عملكَ، وأن تظهرَ احترامَكَ لهم مهما كلَّفَ الأمرُ، وضَعْ في حسبانكَ أنَّ علاقتك مع الشَّخص الَّذي لا تحبُّه ستنتهي عندَ بابِ المغادرة، وستعودُ عندَ بوَّابة الدُّخول، ولذلك ترفَّعْ قدرَ المستطاع، وحاوِلْ أن تركِّزَ في مهامِك، وانسَ علاقاتكَ المضطربةِ مع هؤلاء الأفرادِ عندَما تذهب إلى منزلكَ.

تحدثتُ مع رئيسِ قسم مُخضرَم في إحدى المرَّات عن رأيهِ في مُديره، كانَ الرَّجلُ يتحدَّثُ إليَّ بكُلِّ حرقةٍ واستخفاف في آنٍ واحدٍ، فهمتُ منه أنَّ مُديره الحالي كانَ في السَّابقِ طالبًا مُتدرِّبًا تحتَ يديه، سألتُه عن شعورِه حينما يرى تلميذَه السَّابق وهو يرأسه ويأمره وينهاه، بل ويُحدِّد له مهامَه اليوميَّة، أجابني بكُلِّ ثقةٍ في النَّفسِ وهو يشعلُ سيجارته: الأمرُ لا يهمُّني، هذه الحياةُ فتحَتْ له ذراعَيها، وذكاؤه أوصلَه لمنصبه.. لكنَّه تدارَك كلامَه واشتكى إليَّ بعضَ التصرُّفات الَّتي كان يصفُها بالمهاتراتِ الصَّادرة عن مُديره، مثل: تعمُّدِه تغيير أحرفِ الجرِّ في العناوين المنشورة، أو تقديم الفعل على الفاعلِ أو تأخيره.. وغيرها من التَّفاصيل النحويَّة الَّتي لا تُخِلُّ بالنَّص.

فهِمتُ حينَها وتعلَّمتُ درسًا كبيرًا لا أنساهُ، ألا وهو تعالي هذا الرَّجل المخضرَم عن السّفسطةِ وتوافهِ الأمور، وعن تفاصيلَ غير مهمَّة لا تنفع، بل تضرُّ سمعتَه وتضطرُّه للنزول إلى مستويات متدنيَّة، لكنَّني ضحكتُ من تصرُّفات هذا المدير الَّتي رأيتُ أنَّها نابعةٌ من عقدةٍ قديمة في داخله، رُبَّما تكونُ مبنيَّة على فقدانِه زمام الأمور في إحدى محطَّاتِ حياته، أو رُبَّما كانَ هذا الرَّجل المخضرَم يقسو عليه عندَما كانَ تلميذًا تحتَ يديهِ، لكنَّني سألتُ نفسي في الآن ذاتهِ، لِمَ لا يُسجِّل هذا المديرُ موقفًا كبيرًا في مسيرته المهنيَّة ويرفضُ التَّغييرَ أو التَّعديل على أستاذه السَّابق ومعلمه؟ خاصَّة أنَّ تلك التَّعديلات لم تكُنْ ضروريَّةً، وبذلك يَزدادُ مكانةً في محيطِ عمله.

عندَما تغوصُ وتكبُرُ مسيرتُك المهنيَّة، ستجدُ أنَّ الكثيرَ من الموظَّفين أو المسؤولين انزلقُوا فيما يمكنُ وصفَه بـ"شخصنة" الحياةِ المهنيَّة بقصدٍ أو بغيرِ قصد، وهي أزمةٌ حقيقيَّة بالفعل تُعرقِلُ عجلةَ الإنتاج، وتُكَرِّهُ النَّاسَ في بيئاتهم المهنيَّة.

حينَما تجدُ نفسكَ واقعًا في هذا المستنقعِ في بيئتِكَ المهنيَّة، فكِّر مليًّا في قراراتكَ، واحسِبْ كُلَّ خطوةٍ أو قولٍ يصدرُ عنكَ تجنُّبًا للوقوع في أزمةٍ أنتَ في غنًى عنها.

قوَّتكَ هنا تكمن عزيزي الموظَّف في تجنُّبِ الصدامِ مع الشخصيَّات الَّتي لا تتوافَقُ معهم، حتَّى وإن كنتَ مُضطرًّا للعملِ معهم، إذ يمكنُكَ الاكتفاء بالمهام المناطة بكَ، والتَّركيز على الملاحظات الَّتي يُصدِرُها مسؤولوك، من دونِ الخوضِ معهم في جدالاتٍ أو إبداء وجهاتِ نظركَ، وإن كنتَ مُحقًّا فيها، فأنت في نظرهم إن حاولْتَ إلزامهم بآرائك، ستكونُ مُخطئًا بكُلِّ المقاييس، وتستحقُّ أن تُحاسَب على ذلك، وهو ما قد ينعكسُ سلبًا على نقاط تقييمك في المؤسَّسة.

في إحدى المؤسَّساتِ عملتُ مع مسؤولٍ جمعَ صلاحيَّاتٍ واسعةً في يديه، شعرتُ بعدَ مُضي أشهرٍ من العملِ أنَّ الرَّجلَ لا يُطيقُني، فكَّرتُ مليًّا في الأمر، وأردْتُ الحذرَ منه ما استطعتُ إلى ذلك سبيلًا، بدأتُ أستشعرُ خطرَ هذا الرَّجلِ حينَما أصبحَ صيَّادًا شرسًا لأخطائي وعثراتي، ومُنتقِدًا لسلوكي وآرائي داخلَ تلك المؤسَّسةِ، بل وامتدَّ الأمرُ معه ليحاسبَني حتَّى على صمتي، وجدتُ حينَها أنَّ الأمرَ وصلَ إلى ذروته، فقرَّرتُ أن أترُكَ الجدالَ معه، وركَّزتُ على جميعِ ملاحظاتِه، حتَّى تلك الَّتي لم أكُنْ أراها منطقيَّة، وزدتُ حرصًا على ألَّا أقعَ معه حتَّى في مُزاحٍ رُبَّما ينتهي إلى سوءِ فهمٍ بين الطَّرفين، مرَّت الأيَّامُ، ولم يُكتَب لذلك المسؤول الاستمرار في المؤسَّسة، فتنفَّستُ الصُّعَداءَ.

احرصْ عزيزي الموظَّف، إن زادَ الوضعُ على حدِّه مع مسؤولٍ أو زميلٍ لكَ في المؤسَّسةِ، وبدأتَ ترى أنَّ عملَك مُهدَّدٌ، أن تجلسَ معهم في طاولة واحدة، فالحوارُ وتبادُل الآراءَ ووضع الأمور في نصابها، مِن أهمِّ الحلول الَّتي تجنِّبُكَ الكثيرَ من الأخطاء الَّتي أنتَ في غِنًى عنها، واحرصْ على لغةِ جسدكَ أيضًا في كُلِّ تلك الحوارات، مع اختيارِ أفضلِ العبارات اللَّبقةِ؛ حتَّى تكونَ في مَوقفِ قوَّة لا ضعف.

الفصل التَّاسع
اخترْ لقاحًا مُناسبًا لمديركَ السَّامِّ

لَم أشأْ أن أُخصِّصَ فصلًا للمُدير أو القائد النَّاجح، وذلك حينَما تكلَّمتُ عنه في جزءٍ سابقٍ مِن هذا الكتابِ، وعرَّجتُ على فوائده الَّتي تنعكسُ على بيئةِ العَملِ وجودة إنتاجِها، لكن كما يُشاعُ في مهنةِ الصَّحافةِ، أنَّ الكلبَ الَّذي يعضُّ رجلًا لا يُعدُّ خبرًا، بل الرَّجل الَّذي يعضُّ كلبًا نعتبرُه خبرًا، وباحترامِ فارقِ التَّشبيهِ غير المتعمَّدِ، إلَّا أنَّ العلاقةَ السَّامةَ وخاصَّةً بينَ المديرين والموظَّفين في المؤسَّساتِ تُعدُّ واحدةً من أسوأ المشكلات الَّتي نواجهها في عالمِنا اليوم.

من بينِ أسوأ الفترات المهنيَّةِ الَّتي مررتُ بها في حياتي هي الَّتي كنْتُ أُعاني فيها من الصِّراعِ بينَ المديرين أنفسِهم، وكيفَ انعكسَ ذلك على مسيرتي المهنيَّة أو تقييمي السنويِّ، أو حتَّى على سُمعتي الَّتي أرى أنَّها لا تُقدَّر بثَمَن.

في مؤسَّستَين على الأقلِّ عملتُ فيهما وكنْتُ عنصرًا فاعلًا بشهادةِ المديرين أنفسهم، واجهتُ صعوباتٍ فيما يتعلَّقُ بالتَّوفيق بين المديرين الَّذين يُشرفون على القسم نفسِهِ، كنتُ وزملائي الَّذين عملُوا معي نُعاني مِن "صراعٍ طبقيٍّ" ككرةِ الثَّلجِ المتدحرجةِ؛ أي إنَّ الصِّراعَ بينَ أولئك المديرين يكونُ مهنيًّا، ثمَّ يتدرَّجُ حتَّى يصبحَ شخصيًّا، ثمَّ يتدرَّج مرَّة أُخرى ليصبحَ صراعَ أحزابٍ وشِيَع، وولاءات تتشكَّلُ حولَ المديرين أنفسهم.

هذا النَّوع من البيئات المهنيَّة لا يُنتجُ سِوَى بيئةً سامَّةً لا تُنتجُ، وإن أنتجَت فإنَّ إتقانها سيكونُ مَحدودًا، كما إنَّ بيئتَها غير الصحيَّة ستولَّدُ صراعًا طبقيًّا آخرَ بينَ الموظَّفين والأقسام المتعدِّدة داخلَ المؤسَّسة.

في إحدى المؤسَّسات الَّتي عملتُ فيها، كانَ المديرُ الأوَّلُ يرى إنتاجي الصَّحفيَّ سليمًا ومُتقنًا، بل ويعتبرُني مِن أهمِّ الكتَّابِ الَّذين عملُوا في تلك المؤسَّسة، أمَّا مديري الثَّاني، ولأنَّه كان يغوصُ في "الصِّراع الطَّبقي" مع مديري الأوَّل، فكانَ يرى أنَّني غيرُ مؤهَّل حتَّى لكتابةِ القصاصات الورقيَّة، بل ويعتبرُني عالةً على المؤسَّسةِ، وأتقاضَى راتبًا لا أستحقُّه، وذلك رغمَ أنَّني أذكِّرُه دائمًا برؤية مديري الأوَّل تجاهي.

استمرَّ ذلك الوضع حتَّى وجدتُ نفسي أتنقَّلُ بين الأقسام داخلَ تلك المؤسَّسةِ، فالمديرُ الثَّاني لم يَرقْ له أن أعملَ في ذلك القسمِ، وبالفعل انتقلتُ للقسم الآخر، وسجَّلتُ نجاحًا وقدرة على التَّكيُّف بين الأقسامِ قلَّ نظيره، بشهادةِ مُديري الأوَّل، إلَّا أنَّ "صراعَهما الطَّبقيَّ" استمرَّ على حالِه، وكنتُ الضحيَّة في نهايةِ المطافِ، فقد كُلِّف مديري ذاك بمهمَّة أخرى، وبقيتُ أعملُ تحتَ مسؤوليَّة المديرِ السامِّ الَّذي يتصيَّدُ لي العثرات.

اكتشفَتْ شركةُ "جوجل" بعدَ قرابة مائة بحثٍ وتحليلٍ ما يمكنُ تسميَّته بـ"الخلطة السريَّة" لنجاحِ المؤسَّسات، وهي الاستثمار في شخصيَّات الأفرادِ أنفسهم، وليس في مهاراتهم، لماذا يا ترى؟ لأنَّ الاستثمارَ في الشخصيَّة سيولِّدُ لكَ بيئةً صحيَّة ناجحةً قادرة على: العطاء، والتواصُل، والبَذل، ومساعدة المحتاج، وإغاثة الملهوف، وتقويم المتعثِّر.. أمَّا الاستثمار في المهارات، فليس بكافٍ إن لم تجدِ الشخصيَّة الَّتي تتكيَّف معها. الاستماعُ للأفراد العاملين في المؤسَّسة هو أحدُ الأساسيَّات الَّتي يحتاجُها كُلُّ موظَّف داخلَ مؤسَّستِه، يمكنُ للمدير النَّاجح كسبَ تعاطُف وودِّ الموظَّفين عبرَ الاستماع لهم بشكلٍ جماعيٍّ أو فرديٍّ، وبذلك سيسهلُ عليه التعامُل مع كُلِّ القضايا والعوائقِ الَّتي يواجهونها، ويحاول التَّفريق بين الصَّحيح منها والخاطئ.

أنتَ كذلك أيُّها الموظَّف العزيز، لا بديلَ عن طَرقِ بابِ مديركَ، حتَّى وإن كان سامًّا، وحاولْ معرفةَ أينَ تكمنُ المشكلةُ في علاقتهِ السامَّة معك، ركِّزْ فيما يدورُ في ذهنِه، وافهمْ شخصيَّته بكُلِّ تفاصيلِها، واخترِ الأوقاتَ المناسبةَ له لا لكَ، كما يمكنُك التطرُّق لبعضِ الجوانبِ والأحداثِ الَّتي تُثيرُ ضحكَهُ، حتَّى تكسرَ حاجزَ القسوةِ والجفوة القائمة بينَك وبينه.

يمكنُكَ دعم حجَّتكَ وإرغام "مديركَ السامّ" على الاستماع إليك، أو حتَّى لفت نظرهِ تجاه مشكلتكَ أو رأيكَ في موضوع ما، عبرَ التَّرويج له بأنَّ عملكَ ومهامكَ في المؤسَّسة باتَت متوقِّفة على الاجتماع بهِ والحديث معه، كما يمكنُك الاستعانة بالأشخاصِ المحيطين به، أو المتردِّدين عليهِ حتَّى تدعمَ حجَّتكَ في ذلك.

إن لم تُجْدِ معكَ كُلُّ تلك الحِيَل والوسائل مع "مديرك السامّ"، فنصيحتي لكَ أن تطبِّق نظريَّةً علميَّةً اسمُها "حديثُ المصعدِ"، أو "Elevator Pitch"، وهي مُصمَّمةٌ فعليًا لاستخدامِها في أثناءِ الانتظارِ في المصعدِ لثوانٍ أو دقائقَ معدودة، أو عندَما تلتقيان لإعدادِ القهوةِ، أو في مرآب السيَّاراتِ، أو في غيرها من الأماكن؛ بحيث يمكنُك اقتناص وجودِ مديركَ وهو على عجلةٍ من أمرهِ، ومُفاتحته بما يدورُ في ذهنكَ عبرَ رؤوس أقلامٍ يلتقطُها بسرعةٍ وترسخُ في ذهنه، لكن عليكَ أن تتوخَّ السُّرعةَ والإيجازَ

والوضوحَ، ولا تنسَ التواصُلَ البصريَ المباشرَ؛ فهو وسيلةٌ ناجحة بكُلِّ تأكيد.

بما إنَّني من مُحبّي العملِ في الفترات المسائيَّة، اقتنصتُ ذاتَ مرَّة فرصةَ وجودِ مديري السَّابق وهو يُعدُّ قهوتَه على عجل، كنتُ وزميلي حينَها نُناقِشُ ساعاتِ العَمل، وفجأةً، رفعتُ صوتي وأخبرتُه بأنَّني أفضِّلُ عملَ اللَّيلِ على النَّهار، وأشعرُ أنَّ إنتاجي في المساءِ يكون مُتميزًا عن بقيَّة اليوم، وبالفعل التقطَ مديري الإشارةَ بسُرعةِ البرق، والتفتَ إليّ حينَها وكأسُ القهوة في يدهِ، وقال لي: هل تعلمُ أنَّكَ أزحتَ علينا همًّا كبيرًا في عمليَّة اختيار الموظَّفين الذين سيعملون في الفتراتِ المسائيَّة؟ وأقولُ لكَ من الآن، إنَّك ستكونُ الاسم الأوَّلَ في هذه القائمة.

الفصل العاشر
اجعل كلمة ''لا'' ضمنَ دستوركَ

تذكَّرْ زميلي الموظَّف، إن كُلَّ مَن يعملُ داخلَ مؤسَّستك هم بشرٌ مثلي ومثلكَ، يحبُّون ويكرهون، ويضحكون ويبكون، ويصيبون ويخطئون.. وبالتَّالي فإنَّ المسؤول إذا أصدرَ تكليفًا – بغضِّ النَّظر عن تفاصيله – يبقى قابلًا للنِّقاش، فلا تدعْ نفسكَ رهينةً عندَ أحدٍ يسوقها كيفما شاء.

إذا وجدتَ أنَّ التكليفَ المناط بكَ لا يتوافقُ مع أهداف وسياسة مؤسَّستكَ، أو أنَّه يتجاوزُ حدودَ طاقتكَ البشريَّة، أو أنَّ الوقتَ المحدَّد لتسليمه قصير، أو أنَّه يحتاجُ لبعضِ التَّحسينات أو التعديلات، فليس من العيبِ أو الخطأ أن تُراجعَ مديركَ بهذا الشَّأن، تأكَّدْ تمامًا أنَّ جميعَ الإداراتِ تسعى لتحسين أدائها وسمعتها وتقييمها السنويِّ، وأنتَ بهذا السلوك تُسهمُ ولو بجزءٍ بسيط في تحسين أداءِ عملها، وتأكَّدْ أيضًا أنَّ

المسؤول سينظرُ إليكَ بنظرةٍ مُختلفةٍ إن كنْتَ جزءًا من صُنعِ القرارِ، أو تحسين أداءِ العَمل.

أذكرُ صديقًا عَملَ بجانبي في إحدى المؤسَّساتِ، وكان يشكو لي بشكلٍ دائمٍ بعضَ المقترحاتِ والتَّكليفاتِ الصَّادرةِ عن مديره، كنتُ أسألُه دائمًا: ولمَ لا تناقشُه بكُلِّ أدبٍ عمَّا يدورُ بداخلكَ؟ فيُجيبني من الوهلة الأُولَى: "لا أريدُ الدُّخولَ في صدامٍ معه".

هذه المشكلة رُبَّما نواجهُها كثيرًا في حياتِنا المهنيَّة، وخاصَّة مع أولئك الموظَّفين أصحابِ الشخصيّاتِ الانهزاميَّة، الَّذين لا يريدون الدّخولَ في صراعاتٍ هم يتوهَّمونها، أو رسمُوا معالمَها بداخلهم وهي ليسَت كذلك، بل تحتاجُ منّا فقط: لقوَّةِ مَنطقٍ، وشخصيَّةٍ قويَّة، وحجَّة مُحكمة، ولباقة في التعامُل..

كنتُ ذاتَ مرَّة أعملُ على تغطيةِ إحدى الحروب الدَّائرة في بلداننا العربيَّة، كانَتِ التَّقاريرُ الَّتي تأتينا من هناكَ نوَلِّيها حساسيَّة بالغة، جاوزتُ سهوًا ذاتَ مرَّة تعليماتِ رئيس التحرير بشأنِ بعضِ النقاطِ الواجب الحذر منها، ورغمَ أنَّ مسؤول القسمِ أجازها، وسقطَتْ منه كذلك سهوًا، إلَّا أنَّ جلَّ التَّوبيخ القادِم من الإدارةِ انصبَّ عليَّ، ومُنعْتُ حينَها من كتابةِ التَّقارير، وطُردْتُ خارجَ قاعة الاجتماعات بشكلٍ مُهين، قبلَ أن تتراجع الإدارةُ عن هذا القرار.

تعلَّمتُ من خطَئي ذاكَ أنَّ التكليفات الإداريَّة يجبُ أن نتعاملَ معها بكُلِّ دقَّة ومسؤوليَّة، كما تعلَّمتُ أيضًا أهميَّة تصحيح الأخطاء والاعتراف بها، فنحن بشرٌ نخطِئُ ونصيبُ، ونتقدَّمُ ونتأخَّرُ، ولا يصحُّ أن تتوقَّفَ حياتُنا ونجاحاتنا عندَ موقفٍ أو حدثٍ عابرٍ.

أمَّا بالنِّسبة لكيفيَّة إدارتكَ للتَّكليفات المُناطة بكَ، فأنتَ مديرُ نفسكَ، وتعلمُ مدى قدرتكَ على تنفيذِها أم لا، كما تعلمُ كذلك الأوقاتَ المحدَّدة لتسليمِها، هذا بالإضافةِ إلى تناسبِها مع رؤيةِ وسياسة المؤسَّسة الَّتي تعملُ بها، وإن قلتَ لي لا أعرفُ، فأنتَ هنا أمامي "المتَّهم الأوَّل"، وأنتَ المشكلةُ الحقيقيَّةُ إن كنتَ بالفعل تبحثُ عنها.

ذاتَ مرَّة أصدرَتْ محكمةٌ أمريكيَّة حكمًا مطوَّلًا يتعلَّقُ بقضيَّة سياسيَّة لإحدى البلدان في الشَّرق الأوسَط، وكما تعلم صديقي العزيز، أنَّ الأحكامَ القضائيَّة عادةً ما تحتضنُ عشراتِ الصَّفحاتِ، إن لم تكُنِ المئاتِ منها، من سوءِ حظِّي في ذلك الوقتِ أنَّ المديرَ الَّذي لا يتبعُ قسمي وقعَ في يدِه ذلك الحكمُ القضائي، فدعاني إلى مكتبِه، وقالَ لي بكُلِّ لُطفٍ:
- أريدُكَ أن تقرأ كُلَّ هذا الحكمَ، وتلخِّصه، وتستنبط منه ما يهمُّنا، وتتركَ ما لا يهمُّنا.

رسمتُ ابتسامةً خفيفةً وعفويَّةً على وجهي، وأجبتُه:

- هل أنتَ تمازحُني؟

- لا، أتحدثُ معكَ بكُلِّ جديَّة!

قلتُ له:

- سيّدي الكريم، المثلُ يقولُ: "إذا أردتَ أن تُطاعَ، فاطلبْ ما هو مُستطاع".

قال لي كعادته حينَما يريدُ أن يُخضِعَ بعضَ الأوامرِ للتَّنفيذِ دونَ نقاش:

- ولكنَّ رئيسَ التَّحرير طلبَ ذلك.

- أحترمُكَ، وأحترمُ رئيسَ التَّحرير، ولكن أنا لديَّ تكليفاتٌ في القسم تشغلُني عن البحثِ والتَّرجمةِ في حكمٍ قضائيٍّ.

في هذه اللَّحظة سكَتنا معًا، وذهبَ كُلُّ مِنَّا في حالٍ سبيلِه دونَ نقاش، عدتُ إلى مكتبي كي أكملَ المهامَّ المتبقيَّة في يدي، وإذ بي أتلقَّى اتصالًا من مُديري المباشر يطلبُ مِنّي ويتساءلُ في ذاتِ الوقت:

- لِمَ لا تتصفَّح هذا الحكمَ القضائيَّ، وتترجمُه لنا؛ فهو يحتوي على معلوماتٍ مهمَّة جدًّا؟

إجابتي كانَت كإجابتي السَّابقة:

- لا أملكُ مُتَّسعًا من الوقتِ سيِّدي، فلديَّ العديدُ من المهامِ في يدي، وإن أردتُم أن أراجعَ كُلَّ تلك الصَّفحاتِ وأترجمَها، فأطلبُ منكم تفرُّغًا كاملًا لبضعة أيّامٍ من دونِ أيِّ تكليفاتٍ أخرى.

لم يجادلْني المديرُ آنذاكَ بعد هذه الكلماتِ، وشعرتُ حينَها أنَّ موقفي كانَ حازمًا، وحجَّتي كانَت قويَّة، وشخصيَّتي كانَت حاضرةً، فلا يُعقَل أن أُكلَّفَ بأكثر من مهمَّةٍ في آنٍ واحدٍ، فأنا بالنِّهاية بشرٌ ولديَّ طاقةٌ محدودة، لا أملكُ في تلك الحالة إلَّا أن أرفضَ التَّكليف بكُلِّ لطفٍ واحترامٍ، وبالفعل سجَّلتُ نقطةً في رصيدي حينَها، وزرعتُ انطباعًا شخصيًّا في المؤسَّسة لسانُ حالِهِ يقول: "لن أكونَ متاحًا في كُلِّ وقتٍ، حتَّى وإن تطلَّب العملُ ذلكَ"، ليس لأنَّني مُهمِلٌ، أو لا أريدُ تنفيذَ مهامي، لكنَّ المنطقَ كان يقولُ عكس ذلك، وإن صادفَ حينها وقبلْتُ بالأمرِ، فسأكون مطيَّة باستمرارٍ؛ أتلقَّى التكليفاتِ ولا أجادلُ، وإن جادلْتُ فسأكونُ المخطئ والحلقةَ الأضعف في كُلِّ مرَّة.

يقولُ مارك مانسون في كتابه "فنُّ اللا مبالاة": "إنَّ الرَّفضَ مهارةٌ من مهاراتِ الحياة، إنَّها مهارةٌ هامَّة، بل حاسمةُ الأهميَّة، ما مِن أحد يرغَبُ في أن يظلَّ عالقًا في عمل يكرهُه، ولا يؤمن بهِ، ولا أحدَ يريدُ الشُّعورَ بأنَّه غيرُ قادرٍ على قولِ ما يفكِّر فيه

لاحقًا"، ويضيفُ قائلًا: "إنَّ الصدقَ مطلبٌ طبيعيٌّ لدى البشر، لكنَّ جزءًا من كوننا صادقين في حياتنا، يتمثَّل في أن نقبلَ أن نقولَ كلمةَ "لا"، وأن نقبلَ سماعَها أيضًا، وبهذه الطَّريقة، يجعلُ الرَّفضُ علاقاتِنا أفضلَ، ويجعلُ حياتنا الانفعاليَّة صحيَّة أكثر".

الفصل الحَادي عشر
تعمَّقْ أكثر في عطائِكَ

علَّمَتْني الحياةُ والتَّجاربُ فيها أنَّ: "ما تزرعه تحصده ولو بعدَ حين"، وأنَّ البذلَ أفضلُ من الأخذِ، وأنَّ مساعدةَ المحتاجِ أيًّا كان وضعه، هي أسمَى ما يمتلكُه البشرُ.. وأستنبطُ هنا مِن الحديثِ الشَّريفِ الَّذي يقولُ: "إذا مات ابنُ آدمَ، انقطعَ عمله إلَّا من ثلاثٍ، وذكرَ منها "العِلمُ الَّذي يُنتفَعُ به".

استفدْتُ من تجاربي المهنيَّة السَّابقة واللَّاحقة ألَّا أكتمَ علمًا كنتُ في يومٍ من الأيَّامِ بحاجةٍ إليه، كما تعلَّمتُ أن أبذلَ النصائحَ والأفكار والمقترحات بشكلٍ لا حصرَ له في العَمل، والَّتي تسهمُ ولو قليلًا في تحسينِ وتيرة الإنتاجِ، وزرعِ بذرةٍ طيِّبة دونَ جزاءٍ أو شكرٍ من أحد.

لا زالَتْ كلماتُ مديري السَّابق تتردَّدُ في أذنيَّ حتَّى اليوم، حتَّى باتَت منهجًا ومدرسةً لي في حياتي المهنيَّة والشَّخصيَّة، وليس

بغريبٍ أن نجدَ الدِّراساتِ الحديثةَ تؤكِّدُ أنَّ سرَّ نجاحِ المؤسَّساتِ هو احتواؤها على قادةٍ أكثر مِن وجودِ المُديرين.

كانَ مديري السَّابق لا يجدُ حَرجًا في بثِّ إشاداتِه لي أو لغيري إن أحسنَ أحدُنا عملَه.. سألتُه يومًا عن سببِ ذلكَ، فأجابَني دونَ تفكير مُطوَّل: "في هذه الدُّنيا خلقَنا اللهُ درجاتٍ، كُلُّ واحدٍ مَيَّزه اللهُ بمواهبَ قَد لا نجدُها في أنفسِنا، وقَد يملكُها أحدُنا دونَ الآخر، وأنتَ إن وجدتُ فيكَ موهبةً لا أجدُها في نفسي، فلِمَ أحاربُكَ؟ وحتَّى إن ترقَّيتَ وتجاوزتَني بمراحلَ، فسأفرحُ لكَ، وأتمنَّى لكَ التَّوفيق والنجاح".

كانَتْ كلماتُه تنسابُ في أذنيَّ، وتدورُ في عقلي، ويتردَّدُ صداها في قلبي ووجداني دونَ توقُّف، شعرتُ أنَّ مثلَ هذه المواقفِ هي ما تحتاجُه مؤسَّساتنا كي تنجحَ، وعلِمْتُ حينَها أنَّ الاستثمارَ في البشرِ أفضلُ من الحجرِ، وأنَّ المناكفةَ والمناطحةَ والتَّعالي وحبَّ الذَّات وتهميش المواهبِ، سببُ تأخُّرِ نهضتنا.

وبالفعلِ مرَّتِ الأيَّامُ، وغادرَ هذا المديرُ، وبقيتُ وحيدًا في ذلك القسمِ أتأمَّلُ كلماتِه بين حينٍ وآخر، وأدعو له بالخَيرِ جزاءَ ما قدَّمه من عطاء، زَرَعتْ تلك الكلماتُ في داخلي مبدأ لن أحيدَ عنه طوال حياتي، ألا وهو: "فعل الخَير دونَ التَّفكير بالنَّتائج"، تنقَّلتُ بعدَها في مؤسَّساتٍ أُخرى، تعلَّمتُ وعلَّمتُ، أخطأتُ

وصوَّبتُ، وتأخَّرتُ وتقدَّمتُ، وأحببتُ وكرهتُ، ولم يزلْ مبدأ ذلك المديرِ يدورُ في خَلدي حتَّى اللَّحظة.

في يومٍ من الأيَّامِ انتهى عملي، وجمعْتُ كُلَّ مُقتنياتي من المكتبِ، وهممْتُ بالمغادرةِ، لكنَّ إحدى الزَّميلاتِ العاملات معي شدَّتْ انتباهي عندَما رأيتُها تعملُ على إعدادِ تقريرٍ صحفيٍّ، ثمَّ تضطرُّ لتركيبِ مشاهدَ وصورًا بطريقةٍ بدائيَّة تجعلها تمضي بوتيرةٍ بطيئة، وحينَما سألتُها، قالَت لي: "إنَّها لا تملكُ سِوَى تلك الطَّريقة كي تنجزَ عملها"، لم أتمالَكْ نفسي، وبدأتُ أشرحُ لها بعضًا من المهاراتِ والاختصارات الَّتي تعلَّمتُها عبرَ السنواتِ وتعبتُ في استيعابها، كانتْ تلك الاختصاراتُ تُسهمُ في تسريعِ وتيرة العَمل، وتقلِّلُ من الجهدِ الضَّائع، وبالفعل انبَهرتْ زميلتي بها، وضاعَتْ منها الكلماتُ المناسبةُ كي تقدِّمَ شكرَها لي، وبالتَّالي شعرتُ حينَها أنَّني ساهمتُ معَها في اختصارِ دورةٍ كاملةٍ من العمل البطيء، فقد وفَّر علينا نحو أربع ساعاتٍ متواصلة، يمكنُ الاستفادة منها في مهامٍ أُخرى أنجع.

كانَتِ الأمثلةُ كثيرةً في مساعدة الزُّملاء الجددِ القادمين إلى المؤسَّسة، ونُصحِهم على تقبُّلِ التَّكاليف، والصَّبر على ضغوط العَمل والإرهاق، كان البعضُ يعتذرُ لي عن وقتي الضَّائع معهم، لكنَّني كنتُ أرفضُ الشُّكرَ، ولا زلْتُ، وأعتقدُ أنَّ المساهمةَ في حلِّ

المشكلات الَّتي تواجه الموظَّفين، وتعليمهم بعض الأفكارِ الخلَّاقة، لا تُعتبر وقتًا ضائعًا كمَا يُشاعُ، بل هي سعادةٌ لا يُمكن وصفها، ومَن لا يصدِّقني، فليسألِ المجرِّبين.

طَلبَ منِّي أحدُ المُديرين الَّذين عملتُ معهم في يومٍ من الأيَّام ترشيحَ سِيَرٍ ذاتيَّةٍ لزملاء أو أصدقاء مُقرَّبين منِّي في المهنة، وبالفعل أمدَدتُه بقائمةٍ من المرَّشحين الَّذين وجدتُ فيهم بعضَ المهاراتِ اللَّازمة، إلَّا أنَّ أحدَ الأشخاص الَّذين عرفتُهم سابقًا عبرَ وسائلِ التواصُل الاجتماعي تبادرَ إلى ذهني فجأةً، فتواصلتُ معه كي يمدَّني بسيرته الذَّاتيَّة، وذكرتُ للإدارةِ مَدى قدرةٍ ومهارات هذا الزَّميل "الافتراضيّ"؛ لنيلِ الوظيفة الشاغرة، وبالفعل تواصَلَتِ الإدارةُ معه، ونظَّموا مقابلةً شخصيَّة، واختيرَ هذا الشَّخص من بينِ العشراتِ الآخرين بعدَ أشهر قليلة، وانتقلَ إلى مؤسَّستي الَّتي كانت خارجَ وطنه.

عندَما رأيتُه مُصادفةً في أحدِ الاحتفالات الخاصَّة بهذه المؤسَّسة، لم يَعرفْني عندَما قابلتُه، عرَّفتُ له عن نفسي، فشكرَني على حُسنِ اهتمامي، ثمَّ انصرفَ كُلٌّ منَّا في طريقه.

ما أشعُرُ بهِ تجاهَ هذا الشَّخصِ تحديدًا من السَّعادة في إدخالِ السَّعادةِ والبَهجة على قلبِه وقلبِ عائلته، وأنَّني كنتُ سببًا في توسيعِ رزقِه ورزق مَن يعول، لا تكادُ تُوصَف، ولن يكفيَها مدادُ

البحرِ، ولو قُدِّرَ لي أن أكونَ مرَّة أخرى سببًا في إسعادِ النَّاس وفي توسيع أرزاقهم، لما ترددتُ، ومضيْتُ في أكثر من ذلك.

الفصل الثَّاني عشر
أتقِنْ عملَك في جميعِ أحوالِكَ

ولأنَّنا تحدَّثنا في الفصلِ السَّابق عن دستور العَطاء، فلا يمكنُنا المضيُّ دونَ أن نعرِّجَ في هذا الفصل من الدُّستور على مبدأِ الإتقانِ في العمل.. جاءَ في الحديثِ الشَّريف: "إنَّ اللهَ يحبُّ إذا عملَ أحدُكم عملًا أن يُتقنَه"، كما جاءَ في حديثٍ آخرَ: "إنَّ اللهَ كتبَ الإحسانَ على كُلِّ شيء، وإذا ذبحَ أحدُكم ذبيحته، فليحدَّ مِن شفرته".

إنَّ الإتقانَ زميلي الموظَّف، لا ينبغي أن يقتصرَ مفهومُه في حياتِنا المهنيَّة على وجودِ رئيسٍ ومرؤوس، أو بمقابلٍ ماديٍّ ومعنويٍّ، فهذا الشَّيء الوجداني هو مرآةٌ لما بداخلِ صاحبهِ من خيرٍ أو شرٍّ، وهو مرآةُ مراقبتِنا لله عزَّ وجلَّ في أنفسِنا، وفي الآخرين.

هذا الدُّستور يدعوكَ لتجنُّبِ الوقوعِ في نظريَّة "النِّصف موظَّف"، الَّتي أطلقَها المُفكِّر الجزائريُّ مالك بن النبيّ؛ أي إنَّكَ ستجدُ العديدَ من النَّاس يسعَون بشكلٍ حثيثٍ وراءَ حقوقهم المهنيَّة، لكنَّهم في المقابلِ لا يُنجزون ولا يفكِّرون في ذلك، بل ويذهبون للعَمل كي يسجِّلون حضورًا فقط، وينهون ساعاتِ عملهم ثمَّ يغادرون كما أتَوا، وهذا بالفعلِ ما نجده ونُعاني منه في العديدِ من مؤسَّساتنا، وهو سببٌ رئيسيٌّ لتراجُعِ حضارتنا ونهضتنا في الوقتِ الرَّاهن، ففي العديد من الأحيانِ ينعكسُ غيابُ الإتقانِ على أغلبِ العاملين في المؤسَّسة، فحينَما لا يُكملُ أحدُ الموظَّفين المتكاسلين مهامَه المطلوبةَ، يضطرُّ غيرُه من الزملاء لإكمالِها وترقيعها إن صحَّ التَّعبير، وهو ما يؤخِّر ويعرقلُ دورةً كاملةً من الإنتاجيَّة في تلك المؤسَّسة.

فكِّر دائمًا، وتأكَّدْ تمامًا أنَّ إتقانكَ للعملِ هو هبةٌ روحانيَّة زُرعَت فيكَ، يندرُ أن تجدَها لدى الكثيرين، تتعدَّدُ الأسبابُ الَّتي تدفعُ الموظَّفين لإتقانِ أعمالهم، فقَد يستهدفون رضا بعض المسؤولين، أو يتطلَّعون لزيادات في مرتَّباتهم، أو يبحثون عن ترقياتٍ أو انتقالات، وبغضِّ النَّظر عن تلكِ الأسباب، إلَّا أنَّ أيَّ إتقانٍ في العمل سيزدادُ حلاوةً في القَلب إن كان بغيرِ مُقابل.

خلالَ عملي في إحدى المؤسَّسات، وكعادتي في محبَّتي السهر في اللَّيل، كان بعضُ الموظَّفين الَّذين انتهى بهم التَّعب في نهاية الوقتِ إلى تركِ مهامهم، أو استكمالها على أقلِّ وجهٍ، فأضطرُّ أن ألاحقَ وأتتبَّعَ تلك الأخطاء، وأتواصَل معَ أقسامٍ أخرى حتَّى ننجزَها في وقتِها، كما أضطرُّ في بعض الأوقاتِ إلى إغلاقِ حواسيبهم الَّتي تركوها مُشرَّعةً بكُلِّ الوثائقِ والمستنداتِ الهامةِ الَّتي تحتويها، رغمَ أنَّ ذلك ليس من شأني، أو ليسَ ضمنَ صميمِ عملي.

أنتَ كذلكَ زميلي الموظَّف، يمكنُكَ المساهمةُ في مؤسَّستك بأكثر من ذلك، والأهمُّ هو إتقانكَ لعملِكَ على أكملِ وجهٍ، وترك ما يُشاعُ من أقوالٍ بعضِ الموظَّفين الواهية مثل: "نعملُ على قَدرِ أموالهم"، "هذا لا يعنيني"، "سيُكملُ زميلي ما تبقَّى مِن عملٍ"... وتذكَّرْ أنَّ الرَّاتبَ الشهريَّ الَّذي تتقاضاه من هذه المؤسَّسةِ أو تلك، هو رزقُكَ ورزقُ أبنائكَ ومَن تعولهم، وتأكَّد أنَّ الله لا يضيعُ أجرَ مَن أحسنَ عملًا، وسيطرحُ بَرَكَتُه على راتبك وإن كان قليلًا؛ ليسدَّ حاجتكَ، ويزيدَ بركَتَه عليكَ، وعلى من تعول في الوقتِ والصِّحَّة وحتَّى التوفيق، فليسَت البركةُ محصورةً في المالِ فقط، وكم مِن موظَّف يتقاضَى الآلافَ وهو لا يتمتَّعُ بها ولا يعلمُ أينَ وكيفَ تُصرف.

ساءَني أحدُ المواقِفِ الَّتي كنتُ شاهِدًا عليها خلالَ إحدَى السَّنواتِ؛ حيثُ كنتُ أجالسُ زميلًا لي في قسمِ الأرشيفِ في وقتِ الاستراحةِ، قبلَ أن يدخلَ علينا زميلٌ آخرُ يطلبُ معلوماتٍ عن أحدِ الموضوعات المهمَّة الَّتي ستُنشرُ في عددٍ ذلك اليوم.

لَم يكُنِ الزَّميلُ في قسمِ الأرشيفِ على ما يُرام في ذلكَ اليوم، فقد كانَ الشُّعورُ السَّائدُ في المؤسَّسةِ هو الإحباط المتأتِّي من تأخُّر المستحقَّات الشهريَّة، استجابَ هذا الزَّميلُ لطلبِ الزَّميل الآخر، لكن بتلكُّؤ، وأمدَّه بمعلوماتٍ ناقصةٍ وغير شاملة.. عادَ الزَّميلُ الثَّاني إلى الزَّميل الأوَّل وعاتَبه، بل وترجَّاه أن يمدَّه بكاملِ التَّفاصيل حتَّى نستكملَ طباعةَ عددِ ذلك اليوم، وللأسفِ رفضَ زميلُ قسمِ الأرشيفِ إكمالَ مهمَّته، بل واختارَ "شخصنة" الموقِف، ثمَّ تمتَم بيني وبينَه وقالَ لي: "عندَما يصلُ راتبي إلى نفسِ راتبِ هذا الموظَّف، سأمدُّه بكاملِ التَّفاصيل والمعلومات، أمَّا الآن فأنا مُحبَط ولا أريدُ العملَ لساعةٍ واحدة".. لم أحتملِ المكوثَ أكثرَ معه، قدَّمْتُ نصيحتي على عَجَلٍ، وقرَّرتُ العودةَ إلى مكتبي على الفور.

الفصل الثالث عشر
فرِّقْ بينَ صداقاتكَ وزمالاتكَ

عندَ كتابتي لحروفِ هذا الدُستور تردَّدتُ كثيرًا في وضعِ وتبيانِ هذا الفصل، وارتأيتُ أن أؤخِّره قليلًا في هذا الكِتاب؛ لإيماني بأهميَّته في إكسابِ المهنة مزيدًا من النَّجاحاتِ أو الإخفاقاتِ على حدِّ سواء.

ستحتاجُ زميلي الموظَّف، أن تُحدِّدَ وترسمَ خطوطَك العريضة معَ المحيطين بكَ، على صعيدِ الزَّمالةِ أو الصَّداقةِ أو حتَّى الخصومة.. ضعْ في حسبانكَ قاعدةً مهمَّة للغاية، ألا وهي: "ليسَ كُلُّ زميلٍ صديقًا، وليسَ كُلُّ صديقٍ زميلًا"، أي إنَّ مَن يصلحُ للزَّمالةِ قد لا يصلحُ للصَّداقةِ، والعكسُ صحيح، وكلٌّ منهما تنطبقُ عليهما مواصفاتٌ ومقاييس ودساتير رُبَّما لا تصلحُ للجمعِ بينهما.

زميلُكَ هو ما تقتصرُ علاقتُكَ بهِ داخلَ مُحيطِ عملكَ أو خارجه، لكن في مهمَّاتٍ تابعةٍ للعملِ، ولا يجوزُ، بل ولا يصحُّ، أن تتَّسعَ دائرةُ العلاقةِ بهِ لأبعَد من ذلكَ، إلّا إذا ارتأيتُما أنتُما الاثنان أن تَوَسِّعا حدودَ هذه العَلاقةِ، والّتي قد تمتدُّ نحو الصداقةِ، أو حتَّى الشَّراكة في بعضِ الأحيان، واعلَم أنَّ وضعَ هذه المبادِئ والأولويَّات منذُ بدايةِ دخولكَ العمل سيُجنّبُكَ الكثيرَ مِن الفواتيرِ الَّتي ستدفعُها على صعيدِك الشَّخصيّ أو المهنيّ لفترات طويلة.

تحضرُني قصَّةٌ مهمَّة عايشتُها في إحدى المؤسَّسات الَّتي عملتُ بها، بَطَلاها هما أحدُ الزُّملاءِ ومديرُه، كانَ هذا الزَّميلُ يشتكي من سوءِ تصرُّفاتِ مديره معه ومع باقي فريقِ العَملِ خارجَ مقرِّ المؤسَّسة؛ إذ كانَ شعورُ الفضولِ والهَوس بمعرفة تفاصيلِ حياةِ الموظَّفين الخاصَّة يتملَّكه بشكلٍ كبيرٍ، ظنًّا منه أنَّه بذلكَ قد يحتوي العاملين معه، أو يسيطر عليهم بشكلٍ أسهل، وعندَما تعبَ هذا الزَّميلُ من تصرُّفات المديرِ، والَّتي رآها تدخُّلًا صريحًا في حياتِه الشخصيَّة، قرَّر الذَّهابَ إلى مكتبِه والجلوسَ معه لمعرفةِ السَّبب وراءَ كُلِّ ذلك، لكن للأسفِ لم يخرُج بنتيجةٍ معه، بل استشاطَ غضبًا عليهِ وحذَّره من التدخُّل في تفاصيلِ حياتِه الشخصيَّة، وأكَّدَ له أنَّ علاقتَه به تنتهي مع انتهاءِ العَمل.

كانَ موقفُ هذا الزَّميل حازِمًا مع مديرِه، ووقعَتْ كلماتُه كالصَّاعقةِ عليه، ورغمَ أنَّ المديرَ بما يملكُ من صلاحيَّاتٍ واسعةٍ كان بإمكانِه أن يُصعِّدَ الموقفَ، لكنَّه تراجَعَ، وعلمَ في قرارةِ نفسِه أنَّ حجَّته ضعيفةٌ، ومواقفُه كانَت واهيةً، وأنَّه أوقعَ نفسَه في مستنقعٍ لا حاجةَ له بهِ، فما كانَ منه إلَّا أن هدَّأ من غضبِه، وقدَّمَ اعتذارَه، وبذلك سجَّلَ هذا الزَّميلُ نقاطًا في رصيدِه المِهنيِّ، ستفيدُه لاحقًا في العديدِ من المواقِف.

على النَّاحية الأخرى، للصَّداقةِ أنواعٌ وأشكالٌ مُختلفةٌ، تَتحدَّدُ معالِمُها وتُرسَمُ أشكالها عبرَ مدى قربِكَ من هذا الصَّديق، بالإضافةِ إلى نوعِ الصَّداقةِ الَّتي تجمعُكما، سواء كانَت مهنيَّةً، أو ماديَّة، أو تاريخيَّة، أو حتَّى دونَ خلفيَّات.

في محيطِكَ المِهنيِّ ستحتاجُ لعمليَّةِ ترشيحٍ أو تصفيَّةٍ للزُّملاءِ والأصدقاء، وأنصحُكَ إن أردْتَ بيئةً مهنيَّةً صحيَّةً ترتقي بكَ إلى أفقِ النَّجاح، فطبِّقْ نظريَّةَ (100-10-1)، والَّتي تركِّزُ على مسألةِ الاختيارِ، مِن بينِ مائةِ فردٍ عشرةَ أشخاصٍ تراهم الأقربَ إلى تفكيرِكَ ومنطقِكَ وتوجُّهاتِكَ وطموحاتِكَ، ثمَّ من بين هؤلاء العشرة أعِدِ التَّصفيَّةَ مرَّةً أخرى، ثمَّ اختَرْ واحدًا منهم يكونُ الأشدَّ قُربًا منكَ، وتستطيعُ أن ترى فيهِ من المودَّة والاحترامِ والتشابه ما لا ترى في غيرِه، وتعتقدُ أنَّه كاتمٌ لأسرارِكَ، ومُقيلٌ

لعثَراتِكَ، وصابرٌ على زَلَّاتِكَ، وقادرٌ على فهمِ مقصِدِك بنظرةٍ عابرة، أو بابتسامةٍ خاطفة.

إن وجدْتَ هذا النَّوعَ من الأصدقاءِ في مُحيطِ عملكَ، فأنتَ من بين المحظوظين، وأهنِّئُك على ذلك، فالسَّاعاتُ الَّتي تقضيها معه في عملِكَ ستكونُ واحدةً من أسعدِ الفتراتِ في يومِكَ وليلتِك، خاصَّة إذا كانَت فتراتُ الاستراحةِ بينَكما يتخلَّلُها المزاحُ والنِّكات، وتبادُلِ المشكلاتَ في العَمل، وتداوُل الأخبارِ عن مؤسَّستِكَ، وبالتَّالي ستفيدُكَ هذه الصَّداقة في فهمِ محيطِ عملكَ بمنظورٍ أوسع، أو على الأقلِّ تخفِّفُ عليكَ مِن عناءِ يومك.

إن لم تَجِدْ هذا النَّوعَ من الصَّديقِ لا تقلَقْ، ولا تتسرَّعْ، فالمكوثُ وحدكَ وإنهاء عملكَ بكل هدوءٍ، أفضلُ بكثير من المرَّات مِن أن يقعَ اختيارُكَ للشَّخصِ الخطأ كي يكونَ صديقًا لكَ في عملكَ.

في الوقتِ ذاتِه، لا تُمانِعْ أن تكونَ أنتَ الشَّخص الأكثر قبولًا ومحبَّةً في محيطِ عملكَ، وتكسبَ مزيدًا من المودَّة والاحترام بين زملائكَ، بالمقارنةِ مع مَن يقتصرُ على تسجيلِ حضورٍ يوميٍّ صامتٍ.

أذكرُ أنَّني عملتُ في مؤسَّسةٍ كانَت تضمُّ جنسيَّات متعددةً، كانَت من بينِ هذه الشخصيَّات زميلةٌ لي تلفتُني دائمًا بضحكِها عندَما أدخلُ المكتبَ، فتضطرُّني لمجاراتِها والضَّحك معَها، لكنَّني تساءلتُ يومًا عن سببِ ذلك، فقالَت لي: "إنَّها تتذكَّرُ دائمًا بعضَ مَواقفي المضحكةَ داخلَ المؤسَّسةِ بمجرَّد أن تراني"، ابتسمْتُ وأجبتُها بسُرعةٍ: "الحمدُ لله الَّذي جعلَني سببًا في إدخالِ السَّعادةِ على عبادِه، حتَّى من دونِ سببٍ".

هذا الدَّستورُ يدعوكَ عزيزي الموظَّف أيضًا، للانتباهِ من مسألةِ التعمُّقِ في صداقاتكَ داخلَ محيطكَ المهنيِّ لدرجةِ تأثيرِها سلبًا على شخصكَ أو رصيدكَ الوظيفيّ، ففي العديدِ من المرَّاتِ قَد يُساءُ فهمُ علاقتكَ بصديقِكَ بطريقةٍ ما، وقَد يضطرُّ أحدُكما أو كلاكما إلى إطالةِ شرحٍ، أو تصويبِ كلماتٍ، أو إعادةِ تأكيدِ مواقفَ، أو إقناع فردٍ أو مجموعاتٍ بمواقفَ أنتما في غنًى عنها.

كانَ بيني وبينَ أحدِ رؤساء الأقسامِ في إحدى المؤسَّساتِ الَّتي عملتُ بها علاقةُ مودَّةٍ واحترامٍ تصلُ إلى درجةِ الصَّداقةِ، كانَ هذا الصديقُ يكبُرُني بسنواتٍ عديدةٍ، لكنَّ أفكارَنا ومعتقداتِنا ومواقفَنا المتقاربة كانَت تتجاوزُ فارقَ السِّنّ، تلقَّى هذا الزَّميلُ في يومٍ من الأيَّامِ انتقادًا لاذعًا مِن مديرِه أصابَه بنوعٍ من الذُّهولِ،

وذلك بسببِ اتِّهام الإدارةِ له بالتَّقصيرِ في عملِه، ومحاولة التغطيَّة على تقصيري كذلك، إزاءَ بعضِ التَّقارير الموكَّلة إليَّ، ورغمَ أنَّنا لا نعملُ في قسمٍ واحدٍ، إلَّا أنَّني أخبرتُه أنَّ صداقتَنا كانَت سببًا في إيصالِ رسائل خاطئة للإدارةِ، وانعكسَ ذلك على محيطنا المهنيِّ، ومنذُ ذلك الحين، طلبتُ منه بكُلِّ لُطفٍ أن نتوقَّفَ عن المكوثِ سويًّا داخلَ المؤسَّسةِ حتَّى في أوقاتِ الفراغ، كي لا يُساءَ فهمُ علاقتِنا بشكلٍ أو بآخَر.

في بعض الأحيان قد تعتقدُ أنَّ تصرُّفاتِك طبيعيَّةٌ، أو عفويَّةٌ داخلَ مؤسَّستك، لكن هناك مَن يراقبكَ ويتصيَّد لكَ العثراتِ الواحدةَ تلوَ الأخرى؛ حتَّى يُسقطَكَ، أو يكسرَ أجنحة نجاحك الَّتي عملتَ بجهدٍ وتعبٍ في بنائها.

الفصل الرَّابع عشر
تعلَّمْ رسمَ "مثلَّث" ترقياتكَ

أنتَ تستحقُّ الأفضلَ دائمًا، وتستحقُّ زيادةً في مرتَّبكَ، أو ترقياتٍ كبيرةً في مهنتكَ، نعم، هكذا أنتَ ترى نفسكَ، لكنَّ هذا الاستحقاقَ الذَّاتيَّ الَّذي تُؤمنُ بهِ، رُبَّما لا يكونُ صوابًا في أغلبِ الأحيانِ، أو لا يتوافق مع آراءِ جميعِ العاملينَ معكَ مِن موظَّفينَ أو مُديرينَ، فهذا الاستحقاقُ الذَّاتي الَّذي ترسُمُه بداخلكَ قد يكونُ نابعًا من غريزتِكَ الطَّامعة إلى الزِّيادةِ في كُلِّ شيءٍ، أو لديكَ مِن الأسبابِ الشخصيَّة والعائليَّة ما يدفعُكَ إلى المطالبةِ بهذا الشَّيءِ، وحتَّى القتال من أجلِه.. وقد صوَّر الحديثُ الشَّريفُ هذه الغريزةَ البشريَّةَ حينَما قالَ: "لو أنَّ لابنِ آدمَ واديًا من ذهبٍ، لأحبَّ أن يكونَ له واديان"، أمَّا إن كنتَ تَرى أنَّك جديرٌ بالفعلِ بهذا الاستحقاقِ، فعليكَ أن تدعمَه بحججٍ مُحكمَة، وبراهينَ منطقيَّة؛ كي تُقدِّمَها أمامَ محكمةِ إدارتكَ.

ينصحُكَ هذا الفصلُ من الدُستور عزيزي الموظَّف أن تتريثَ في تقديمِ هذه المطالِب، وتتعلَّمَ كيفَ ترسمَ أضلاعَ المثَلث الَّذي سيقودكَ إلى ترقياتِكَ المهنيَّة، أو إلى الزِّيادات الماليَّة، أو إلى ما تطمحُ إليه في محيطِكَ المهنيِّ.

يتكَّونُ هذا المثَلثُ من ثلاثةِ أركانٍ: "الزَّمان والمكان والفرد"، فالتَّوقيتُ يجبُ أن يكونَ مواتيًا لطَرح هذه الفكرةِ، فلا يصحُّ أن يتزامَنَ مَطلبُكَ مع فترةٍ عصيبةٍ تمرُّ بها الشَّركة، تكادُ ألَّا تدفعَ رواتبَ موظَّفيها، كما لا يصحُّ ولا ينبغي لكَ أن تطالبَ بأيِّ ترقيةٍ أو زيادةٍ ماديَّة بعدَ فترةٍ وجيزةٍ من انضمامكَ للمؤسَّسة، أو بعدَ فترةٍ وجيزةٍ من ترقيةٍ تحصَّلتَ عليها، أو بعدَ تنقُّلاتِكَ المتكرِّرة بين قسمٍ وآخَر، أو أن تكونَ المؤسَّسةُ تمرُّ بظرفٍ إداريٍّ عصيبٍ أثَّرَ على حضورِ الكادرِ الإداريِّ، وقِسْ على ذلكَ العشراتِ من الأمثلةِ الأخرى.

أمَّا المكان، فتريَّثْ في دراستِه قبل أن تتقدَّمَ خطوةً إلى الأمام، فلا يصحُّ أن تطرحَ مطلبَكَ أمامَ العامَّةِ، أو أن تَتَبَّعَ مرؤوسيكَ في أماكنَ غيرِ رسميَّة، أو أن تُقحمَ مَطلبَكَ بين ثنايا اجتماعاتٍ دوريَّة للمؤسَّسة، أو أن تختارَ مناسبةً حزينةً أو أُخرى سعيدة أقامَتْها مؤسَّستُك للاحتفال بذِكرى ميلاد أو زواج أحد الزُّملاء.

أمَّا مسألةُ اختيارِ الفَردِ فتكادُ تكونُ الرُّكن الأهمَّ في هذه المعادلةِ، فاختيارُكَ المسؤولَ المناسِبَ لتطرحَ عليه هذا الطلبَ يختصرُ عليكَ كثيرًا من الجُهدِ والوقتِ والحَرجِ، ولا تحاولْ أن تتذاكَى وتجذبَ انتباهَ أحدِ المسؤولين لمطلبِكَ، عبرَ التَقصيرِ في أداءِ مهامِكَ كوسيلةِ احتجاجٍ؛ لأنَّها سترتدُّ عليكَ سلبًا في كُلِّ أحوال.

عندَما كنتُ أعملُ في إحدى المؤسَّسات الصحفيَّة ساءَ وضعي الماديُّ كثيرًا، لدرجةِ أنَّه أثَّرَ على مزاجي وإنتاجي اليوميِّ، فقَد كنتُ أعملُ بكدٍّ وتعبٍ، ولم أستلمْ مُستحقَّاتي الماديَّة لأكثرِ من أربعةِ أو خمسةِ أشهرٍ، قرَّرتُ في مُنتصفِ اليوم إغلاقَ جهازي، وأخبرْتُ رئيسَ القسمِ آنذاكَ بعَدمِ قُدرتي على إكمالِ اليوم، بل وأخبرتُه أنِّي أنوي التَّغيُّبَ في اليوم التَّالي، غضبَ من تصرُّفي "اللَّامسؤول"، لكنَّه لم يجادلْني، وتركني لاختياري، ولم أجدْ بُدًّا في تلكَ المرحلةِ سوى الرُّجوع إلى مكتبي بعدَ اليومِ الَّذي تغيَّبتُ فيه، وأكملتُ مهامي بعدَ وعودٍ من المسؤولين بتحسينِ وضعي، لكنَّ الأوضاعَ الماديَّةَ ساءَت بعدَ ذلك أكثر ممَّا كانتْ عليهِ، ولم يشفعْ لي موقفي الانفعاليُّ وتصرُّفي اللَّا مسؤول في تلبيةِ مَطالبي آنذاك.

في هذه المرحلةِ ستحتاجُ إلى العودةِ لنظريَّةِ "حديث المصعد" إنْ رغبْتَ في جذبٍ انتباهِ أحدِ المسؤولين لمطلبكَ، أو على الأقلِّ الجلوس والاستماع لكَ، فرُبَّما تُغنيكَ هذه الطَّريقةُ عن عشراتِ الرَّسائلِ الهاتفيَّة أو البريديَّة.

إن نجحْتَ في اقتناصِ فرصة للجلوس مع مُديركَ، ابدأ بشُكرهِ، واستثمِرْ بداية الجلوسِ معه عبرَ شدِّ انتباهِه لحدَثٍ كبيرٍ يتعلَّقُ بمؤسَّستِكَ، كإنجازٍ سجَّلَه فريقُ العَملِ في وقتٍ سابقٍ، أو ذِكر سجِّلِ الجوائز الَّتي نالَتْها مُؤسَّستُك، حتَّى تُبيَّنَ له مدى حرصكَ ومتابعتكَ لكُلِّ ما يتعلَّق بمحيطكَ المهنيِّ، وأنتَ بذلكَ استعنْتَ بنظريَّة "السَّاندويتش" الشَّهيرة الَّتي تدعوكَ إلى تغليفِ نصيحتكَ أو شكواكَ، أو حتَّى مَطلبكَ داخلَ بعضِ النَّصائح الرَّقيقة، أو التَّذكير ببعضِ المواقف اللَّطيفة.

يتعيَّنُ عليكَ أن تعرفَ وتُحدِّدَ مزاجَ مُديركَ في تلك اللَّحظة، فقد يقعُ اختيارُك على لحظةٍ غيرِ مناسبةٍ لطَرح مَطلبكَ، وبذلك تكونُ قَد أوقعْتَ نفسَك وأنتَ لا تدري في فخِّ الرَّفضِ المسبق، أو على الأقلِّ تأجيل النَّظر في مطلبكَ، حاولْ أن تدعمَ حديثَك بتذكيره ببعضِ مهامكَ، أو بإنجازاتٍ سَجَّلتَها أنتَ في مؤسَّستكَ، كإسهامِكَ في حلِّ مشكلةٍ كانَتْ ستعصِفُ بفريقِ العَمل، أو أيِّ مُساهماتٍ سابقة تعتقدُ أنَّها تدعمُ حديثَك وموقفك، ولا بُدَّ من

إرسالِ رسائلَ مُبطَّنة لمديركَ بأنَّكَ مثل ورقةِ "الجوكر" الَّتي لا يمكنُ الاستغناء عنها، ويمكنُها التَّموضعُ وتحقيق الإنجازات أينما حلَّت، بعدَ ذلكَ يمكنُكَ البدء تدريجيًّا بطَرح مَطلبك أو شكواكَ أو وجهات نظرك الَّتي تخصُّ العملَ.

تجنَّبْ أن تُذكِّرَ مُديركَ بغلاءِ الأسعار في بلدك، أو ذكرِ مَطالِب زوجتكَ وأبنائك الَّتي لا تَنتهي، ادعَمْ حجَّتكَ بالمنطِقِ، واعرضْ عليهِ آراءَ المسؤولين تجاهَك، واستندْ إلى تقييماتك السنويَّة الإيجابيَّة، تجنَّبْ كذلك عزيزي الموظَّف أن تقارنَ نفسَك بزملائك الآخرين، كأن تستشهدَ بأحدِهم أو تطلبَ نفسَ تخصُّصاتهم أو مرتَّباتهم، فأنتَ لا تعلمُ ظروفَهم الشخصيَّة، أو خلفيَّات تعيينهم في مؤسَّستك، أو حتَّى المهام الموكلة إليهم، والخوض في مثلِ هذه التَّفاصيلِ الدَّقيقة أمامَ مُديركَ سيستنزفُ نقاطًا كثيرةً من رصيدك المهنيِّ.

خلالَ عملي سابقًا بإحدى الشَّركات أردْتُ اقتناصَ فرصَة للجلوسِ مع مديري المباشر؛ كي أُخبرَه بسوءِ أوضاعي الماديَّة، وكانَ التوقيتُ خاطئًا في ذلكَ الحين، حينَما طلبتُ منه النَّظرَ في تأخُّرِ مُستحقَّاتي الماديَّة، وهو شعورٌ كانَ سائِدًا لدَى مُعظَم الموظَّفين آنذاك، فقد كانَتِ الرَّواتبُ الشهريَّة تتأخَّر بينَ شهر وآخر، تعمَّقْتُ في حديثي مع المدير، وبدأْتُ بسردِ قصصي

الشَّخصيَّة مع غلاءِ الأسعار، وعجزي عن دفعِ فواتيري الشهريَّة وشراء مُستلزماتي الغذائيَّة، رأيتُ حينَها استعطافًا إلى حدٍّ ما على وجهِه، لكنَّه اكتفَى في نهايةِ حديثي معه بأن طلبَ منّي أن أكتبَ هذا المطلبَ على ورقةٍ رسميَّة، ووعدَني بأن يَرفَعها إلى الإدارةِ المعنيَّة، وكما كنتُ مُتوقِّعًا، لم أجِدْ أيَّ نتائجَ تُذكَر بعدَ هذه الحادثة.

قبلَ أن أنتقلَ بكَ إلى المرحلة اللَّاحقة، توقَّفْ هنا قليلًا، وحدِّدْ أينَ وصلَ حديثُكَ مع مُديرك، فإذا كنتَ ترى أنَّ شعورَه بدأ يميلُ نحوَ التململِ، كالنَّظرِ لعَقاربِ ساعته، أو بدأ يتلقَّى مكالماتٍ هاتفيَّةً، أو يتابع رسائلَ البريد، لا تستفِضْ كثيرًا في حديثِك، وحاوِلْ أن تُلملمَ ما تبقَّى من حديثِكَ، وتُنهي حوارَكَ معه بشكرِه على الاستماعِ لكَ، والاعتذار مِن اقتطاع وقتِه.

اعلَمْ في هذه المرحلةِ أنَّ مُديرَك لا يريدُ إيقاعَك في حَرجِ الرَّفض، وفي نفسِ الوَقت يبدو أنَّه غيرُ مُتحمِّسٍ لمطلبِكَ، وبالتَّالي أنتَ فعلْتَ الشَّيء الصَّحيحَ الَّذي يجبُ فِعْله، وهو "فعل الشَّيء"؛ أي إنَّكَ ساهمْتَ ولو بجزءٍ بسيطٍ في إيصال صوتِكَ لأعلى جهةٍ إداريَّة في مؤسَّستك، بعدَ أن كنتَ مُتردِّدًا في البحثِ عن الحافِز الَّذي يوصلُكَ للقاءِ مُديرِكَ، والآن.. وبعدَ أن وصلْتَ له وأسمعْتَه مطلبَكَ، اترُكْ ردَّةَ الفعلِ هي الَّتي تبدأُ في تحفيزِكَ

وإعادةِ مَطلبِكَ واحدًا تلوَ الآخرِ ككرةِ الثَّلجِ المتدحرجة، وإن صادفَ وقابلتَ مديرَكَ في أيّ مُناسبةٍ أُخرى، فإنَّ لقاءَكَ السَّابقَ معه سيتبادرُ فورًا إلى ذهنِهِ بمجرّدِ رؤيتِكِ، بحيثُ لا يستطيعُ الفشلُ الَّذي وقعْتَ فيهِ أن يفعلَ لكَ شيئًا سوى دفعِكَ إلى الأمامِ مرّةً أُخرى نحوَ النَّجاح.

أمَّا إذا شعرتَ أنَّ مديرَكَ بدأ يقتنعُ بأفكارِكَ، وكانَ مُؤيدًا صريحًا لمطلبِكَ، لكنَّ ردَّه كان يسبح في "بحرِ العموميَّاتِ"، كأن يقولَ لكَ مثلًا: "انتظرْ قليلًا حتَّى نهاية العَام"، أو "سنبحثُ هذا الموضوعَ مع الأقسامِ المعنيَّة".. فاشكرْه كذلكَ على ردِّهِ وجلوسِه معكَ، وعُدْ إلى مكتبِكَ، وارسمْ خطَّتَكَ التَّالية بإحكام وإتقان، عبرَ اقتناصِ فرصةٍ أُخرى لتذكيرِه بآخر مُستجدَّات طلبك، ولا تنسَ تطبيقَ "نظرية المِصعد" مرّةً تلوَ أُخرى في هذه المرحلةِ؛ فهي ستفيدُك كثيرًا.

إن وافقَ المديرُ على الجلوسِ مرّةً أُخرى معكَ، فذكِّرْهُ بمطلبِكَ الأخير، وادعمْ حجَّتَك هذه المرَّة بذكرِ عددٍ من العُروضِ الخارجيَّة المنهالةِ عليكَ، ولا بأسَ إن أخبرتَه بأنَّكَ تدينُ بالولاء لمؤسَّستِك، ولا تفكِّرُ في الرَّحيلِ عنها.

إن ساءَتْ معك الظُّروفُ بعدَ هذه المراحلِ عزيزي الموظَّف، فستحتاجُ لأن تقفَ وقفةً جادَّةً مع نفسِكَ، وأن تبحثَ عن

العوائقِ الَّتي حالَتْ بينَكَ وبين هذه الترقيةِ، عُدْ إلى المثَّلثِ الَّذي رسمْتُه لكَ في مقدَّمة هذا الفصل، رُبَّما أخطأْتَ في هدفِكَ واخترتَ مَسؤولًا غيرَ مُناسِب، أو أنَّكَ وقعْتَ في فخّ اختيارِ المكانِ الَّذي لا يتلاءَم مع مطلبِكَ، أو أنَّكَ استعجلْتَ في طرحِ مطلبك في توقيتٍ أنتَ تراه مناسبًا، لكنَّ إدارتَكَ ترى عكسَ ذلك.

ابحثْ كذلك في مساراتٍ وآفاقٍ أوسَع تستندُ إليها في مطالبِكَ، كأن تعرضَ على القسم أو الإدارةِ المعنيَّة عملًا مَرئًا إضافيًّا يُمكنُكَ المساهمةُ فيهِ ولو بقدرٍ بسيطٍ، حتَّى تصلَ إلى هدفِكَ الأكبر، أو أن تعملَ لساعاتٍ إضافيَّة داخلَ أو خارجَ مقرِّ عملكَ، أو أن تسافرَ مثلًا على حسابكَ وتنجزَ مهامًّا أخرى، أو أن تساهمَ في تقديمِ دوراتٍ تدريبيَّة مَجانيَّة للملتحقين الجُدد بمؤسَّستكَ.. وقِسْ على ذلك الكثيرَ من الأمثلةِ الأخرى الَّتي لا حصرَ لها.

الفصل الخامس عشر
حوّلِ الغيرةَ المهنيَّةَ لصالِحِكَ

إنَّ المشكلاتِ والمنافساتِ جزءٌ لا يتجزَّأٌ من حياتنا اليوميَّة، أمَّا بيئاتنا المهنيَّة فهي أكثرُ احتواءً لتلك المواقف، إذ لا يمكنكَ أن تتخيَّلَ مؤسَّسةً لا يوجدُ فيها تنافُسٌ بين رؤسائها أو أفرادها الآخرين؛ لنيلِ الإشاداتِ أو الترقياتِ أو المكافآتِ.. أو غيرها من الأهدافِ، وهو أمرٌ صحيٌّ في بعضِ الأحيانِ، ومَرَضيٌّ في أحيان أخرى.

لكن تذكَّر صديقي الموظَّف في هذه النُّقطةِ أنَّ التنافُسَ الحميدَ لا بأسَ بهِ؛ فهو في نهايةِ المطافِ سيصبُّ لصالح المؤسَّسة ونجاحِها، وبفشلِها سيغرقُ الجميعُ، لكن عليكَ الحذر مِن الوقوع في مسألةِ التَّخندُقِ أو التحزُّبِ داخلَ المؤسَّسات، أي إنَّ كُلَّ موظَّفٍ ينحازُ إلى مديرهِ المباشِر، ويبدأ بالتآمُر على

الأقسامِ الأخرى، ويكيلُ الاتِّهاماتِ، ويبحثُ عن عثراتِ الآخرين، ويحاولُ التَّقليلَ منهم بشتَّى الوسائل.

احذرْ إن واجهَتك هذه المشكلةُ، وقِفْ وقفةً جادَّةً، واعلَمْ أنَّ ما يصيبُكَ لن يخطئَكَ، وأنَّ الأيَّامَ دُولٌ، فالمسؤول الَّذي تتخندقُ معه قد يغادرُ في أيِّ لحظة، ويتركَك فريسةً سهلةً ولقمةً سائغةً أمامَ مَن أسأتَ لهم، كُنْ مُحايدًا ما أمكنَ في جميعِ القضايا والموضوعات الحسَّاسة الَّتي تمسُّ مؤسَّستكَ أو الأفراد العاملين بها.

حدَّثَني أحدُ الزّملاءِ في إحدى المؤسَّسات الَّتي عملْتُ بها سابقًا عن حادثةٍ مُشابهةٍ لما أتحدَّثُ عنه في هذا المحورِ، قالَ لي إنَّ أحدَ المسؤولين اختارَ أن "يتخندقَ" مع مديرِه بشكلٍ لافتٍ، حتَّى وصلَ الحالُ بهِ إلى تبرير أخطائهِ وعثراته، كانَ مصيرُ هذا المسؤول مُتوقَّعًا، حينَما رأتِ الإدارةُ أنَّ سلوكَه لا يتناسبُ مع أهدافِها وتطلُّعاتِها، وخسرَ هذا المسؤول موقعَه ورصيدَه المهنيَّ بشكلٍ كبيرٍ.

تذكرْ دائمًا صديقي الموظَّف، أن تحتفظَ بأسرارِ عملكَ، وخاصَّة إن كنتَ في موقعِ المسؤوليَّة، فالمؤسَّسةُ الَّتي وضعَتْكَ في هذا المنصبِ، اختارَتْكَ كي تُحافِظَ على أسرارها، وتحفظ لها كيانَها، وأنتَ مُؤتَمنٌ عمَّا تملكُه وما تعرفه، واحَذرْ من خياناتِ

أقرَب المقرَّبين منكَ، فالحياةُ المهنيّةُ أشبهُ بحلبةِ المصارعَة، وقد تأتيكَ اللكماتُ والضَّرباتُ القاضية من جهاتٍ لم تكُنْ تتوَقَّعُها، وسيمضي مَن يريدُ الإطاحةَ بكَ في طريقِه، بعدَ أن يخذلَك ويتَّخذلَك جسرًا لعبورِ أحلامِه وطموحاتِه وثرائه.

كانَ أحدُ العاملين معي في إحدى المؤسَّسات ذكيًّا قدرَ المستطاع، إذ كانَ ينجزُ عملَه بحِرفيَّةٍ وسهولةٍ تثيران الشُّكوكَ، قرَّرتُ التقرُّبَ منه في بعضِ المرَّات، ووجدتُه يؤدِّي مهامَه بطُرقٍ غيرِ رسميَّة، عبرَ الاستعانةِ بأفرادٍ من خارجِ المؤسَّسة، قرَّرتُ بعدَها أن أكتمَ ذلكَ في نفسي لحساسيَّة الأمر، وبعدَ فترةٍ قصيرةٍ اكتشفَتِ المؤسَّسةُ بطريقتِها الخاصَّة أنَّ هذا الموظَّف كانَ يوزِّعُ أموالًا على الأفرادِ من خارجِ المؤسَّسةِ حتَّى ينجزوا له الأعمالَ والتَّقاريرَ الموكلةَ إليه، كما أنَّ إحدى السيِّداتِ الَّتي كانت تعملُ بشكلٍ "مُستقلٍّ" مع المؤسَّسة، وتتقاضَى أجرًا مَقطوعًا، كانَ يُشاركُها في تلك الأموال، ويُساومها بطُرقٍ خفيَّة، علمَتِ الإدارةُ كذلكَ أنَّ هذا الموظَّف لديه فواتير هاتفيَّة باهظة الثَّمن، وذلكَ حينَما كانَ يُجري اتِّصالاتٍ دوليَّة بهاتِف المؤسَّسةِ الرسميِّ للحَديث في أمورٍ شخصيَّة لا علاقة لها بالعَمل، لَم تتوانَ المؤسَّسةُ آنذاكَ في إنهاءِ عملِه بشكلٍ مُهين، ورأتْ أنَّ هذا الموظَّف غير مُؤتَمنٍ ولا يصلحُ للمنصبِ الَّذي يشغله، وبذلك خسرَ سُمعتَه ووظيفتَه في آنٍ واحِدٍ.

لا تنسَ أن تستفيدَ قدرَ المستطاعِ من وجودِ التنافُسِ داخلَ بيئةِ عملكَ، والَّذي قد يتحوَّلُ إلى ما يشبهُ الغيرةَ المهنيَّة، عبر تقويةِ قُدراتكَ في مَجالاتٍ جديدةٍ، أو المساهمةِ في زيادةِ الاقتراحات النَّافعة لمؤسَّستكَ، فلن تخسرَ شيئًا، بل ستكسبُ الكثيرَ من الأشياءِ لصالحكَ على المدى الطَّويل، وإن رأيتَ نجاحًا لزميلكَ، فهنِّئه واشكرْه، وإن رأيتَ تقصيرًا بدرَ منه، فقوِّمْه بأسلوبٍ لبقٍ مَقبولٍ.

أمَّا إن رأيتَ أنَّ الغيرةَ المهنيَّة بدأَتْ تنقلبُ ضدَّكَ، فحدِّدْ أولوياتكَ بدايةً، ثمَّ هويَّات الأفرادِ الَّذين يشكِّلون ضررًا عليكَ، وامضِ في عملكَ ولا تأبَهْ لهم، واحذَرْ مِن أدقِّ التَّفاصيلِ، ومن كُلِّ الكلماتِ والأفعال الصَّادرةِ عنهم، فقَد يُؤثِّرون على عملكَ ومزاجكَ بشكلٍ سلبيٍّ وأنتَ لا تدري، كبثِّ الإشاعاتِ فيما يتعلَّقُ بمؤسَّستكَ والأفرادِ العَاملين بها؛ رغبةً في تحطيمِكَ وكسرِ معنوياتكَ.. استعِنْ إن شئتَ بمديركَ المباشر، أو بأحدِ المقرَّبين منكَ في المؤسَّسةِ في طلبِ النَّصيحةِ الملائمة لكَ في هذه المرحلة.

أذكرُ أنَّني عملتُ في إحدى المؤسَّسات الَّتي عانَتْ من تراجُع وتيرةِ تنافُسها في السَّوقِ، كنتُ أستعينُ في تلكَ الفترةِ بكثرةِ العَملِ لإشغالِ نفسي عن ذلك الوَضع المتفاقِم؛ حتَّى لا أقع في مُستنقعِ الطَّاقةِ السلبيَّة، إلَّا أنَّ جلَّ المحيطين بي مِن كُلِّ

الأقسامِ كانَ شغلُهم الشَّاغل هو الحَديث عَن الأمور الماديَّة، بل كانُوا يرسمون صورةً سلبيَّة تشاؤميَّة لمستقبلِ المؤسَّسةِ، حتَّى أنَّ أحدَهم كانَ يؤكِّدُ لي كلَّما التَقيتُه أنَّه سيغادرُ المؤسَّسةَ بعدَ أشهرٍ قليلةٍ لاستكمال بحثِه الجامعيّ، إلّا أنَّه حتَّى كتابة هذه الأحرف لا يَزالُ يَمكثُ في تلك المؤسَّسةِ بعدَ مُضي سنواتٍ من حديثنا.

الفصل السَّادس عشر
هل أنتَ تحترقُ أم تحرقُ نفسَكَ؟

ستعتقدُ في البدايةِ أنَّ هذا السُّؤالَ غريبٌ بعضَ الشَّيء، لكنَّ الإجابةَ عليهِ ستكونُ أصعبَ ممَّا تتخيَّل، فهي ستُحدِّدُ مكوثَك في المؤسَّسة أو رحيلكَ عنها، إنَّ العديدَ من الأفراد في مُختلَف وظائفهم يبدأ شعورُ الاحتراقِ الوظيفيِّ يتسلَّل إلى وجدانِهم، ويسيطر على ذواتِهم بينَ فترةٍ وأخرى، ويقرِّرون بعد ذلك تركَ مؤسَّساتهم من دونِ سؤالِ أنفسهم وتحديد ما إذا كانُوا يحترقون فعليًّا، أم أنَّهم يُحرقون أنفسَهم وهم لا يشعرون؟!

ولتحديدِ هذا الجانبِ ومعرفةِ أينَ وصلَ شعورُك داخل مؤسَّستك، ستحتاجُ للإجابةِ على سؤالِ هذا الفصلِ من الدُّستور، ولن تكونَ قادرًا على تقديم إجابة شافية على

السُّؤال، حتَّى تُجيبَ على جميعِ النِّقاطِ والأولويَّات المهمَّة الَّتي سأذكُرُها لكَ تباعًا..

أوَّلًا: هل أنتَ بالفعلِ ترى نفسَك في مكانٍ لا يتلاءَم مع خبراتك وقدراتِكَ؟

إذا كانتِ الإجابةُ بنعم، فلِمَ لمْ تحسمْ هذا الأمرَ منذُ بدايةِ دخولك المؤسَّسة؟ ولِمَ استنفدتَ كُلَّ طاقتِكَ حتَّى وصلتَ لمرحلةِ الاحتراق؟

ثانيًا: هل أنتَ بالفعل استكشفْتَ كُلَّ الفرصِ المطروحة في مؤسَّستك؟

فإذا كانتِ الإجابةُ لا، فراجِعْ قراراتِكَ، وقِفْ وقفةً حازمة مع نفسك، واستجمِعْ قواكَ؛ كي تستكشفَ مزيدًا من الفرصِ الَّتي قد تُناسبُكَ وأنتَ في نفسِ المؤسَّسة، فقرارُ الانتقالِ لمؤسَّسةٍ أخرى وتبعاتُه سيستنزفُ منكَ كثيرًا من الجهدِ والطَّاقة والوقت.

ثالثًا: إذا رأيتَ أنَّكَ بذلتَ قصارى جهدك، وحقَّقتَ عددًا من الأهدافِ داخلَ مؤسَّستك، فلِمَ ترغبُ بالرَّحيلِ في هذا الوقتِ تحديدًا؟

إذا كانتْ إجابتُكَ بالبحثِ عن تقديرٍ جديدٍ أقوى وأشمل في مؤسَّسةٍ أخرى، فإنَّ هذا يعني مُجازفةً جديدةً، وأشبه بمَن يهدمُ

عمارة شرَع في بنائها مِن القواعد، ثمَّ ذهبَ وتركَها، وبحثَ عن عمارةٍ أخرى.

دعني أقتبسُ لكَ في هذه الفقرةِ تحديدًا مِن كتاب "العادات الذريَّة" للكاتب الأمريكيِّ جيمس كلير، ويقولُ فيه:

"إنَّ التَّركيزَ على الأهدافِ وحدها تحدُّ من سعادتِكَ، فإذا افترضتَ أنَّكَ إن حقَّقتَ أهدافَك فستكون سعيدًا؛ فهذا يعني أنَّكَ ستواصلُ تأجيلَ الشُّعورِ بالسَّعادةِ حتَّى تحقِّقَ الهدفَ المرحليَّ التَّالي، ولذلك أنتَ تحبسُ نفسَكَ عقليًا في نسخةٍ ضيِّقةٍ من السعادة، وهذا أمرٌ مُضلِّلٌ، ومن غيرِ المرجَّح أن يتوافَق مَسارِكَ الفعليَّ في الحياةِ مع الرِّحلة الَّتي تضعها في عقلك عندَ البدء"، ويضيفُ الكاتِب قائلًا: "عندَما تخرجُ من مرحلةِ القدراتِ الكامنة سيَصِفُ النَّاسُ نجاحَك بأنَّه تحقَّقَ بين عشيَّة وضُحاها، فالعالَمُ الخارجيُّ لا يرى إلَّا الحوادثَ المؤثِّرة، ولا يرى ما سبقَها من أفعالٍ، فمرضُ السرطان مثلًا يقضي قرابة ثمانين بالمائة من وجودِه وهو غير مرصود، ثمَّ يستولي على الجسمِ في غضون أشهر، والخيزرانُ لا يُمكن تَبَيُّنُه في الخمس سنوات الأُولى، حينَما يُبنَى في منظومة ممتدَّةٍ من الجذورِ تحتَ الأرض، قبلَ أن يقفزَ فجأة للارتفاع تسعين قدمًا في الهواء في غضونِ ستَّة أسابيع فقط".

وهنا أعودُ لمثالي الأوَّل الَّذي شبَّهتُه بالعِمارة الَّتي بَنَيْتَها في المؤسَّسة، فهي تشبهُ نفسَ المثالِ الَّذي ضربَه المؤلِّفُ بالصفيحتين التّكتونيَّتين الرَّاسختين قبالة بعضهما لملايين السنين، وطوال هذا الوقت يتصاعَد الضَّغط بينَهما، ثمَّ إذا ما احتكَّت هاتان الصفيحتان ببعضهما أكثرَ من اللَّازم، يقعُ الزِّلزال، وبالتَّالي فإنَّ الأهداف الَّتي رسمْتَها وتعبْتَ من أجلها تتطلَّبُ منكَ الحفاظَ عليها بقدرٍ أكبر من مجرَّد قرارِ التخلِّي عنها بسهولة.

رابعًا: هل تستنزفُ طاقتَك في العملِ أكثرَ من اللَّازم لدرجة أنَّك تشعرُ بالاحتراق، وأنت لا تحترقُ أصلًا؟

إذا كان الجواب نعم، فأنتَ على مدار عملِكَ في المؤسَّسة لم تُحسِّنِ العملَ بشكلٍ متَّزنٍ فيها، بل كنتَ تستنزفُ طاقتَك في تحسين أدائك، أو حلِّ مشكلاتك ومشكلات غيرك، أو العمل لساعاتٍ طويلةٍ مُرهقة، أو نسيانك للإجازاتِ، حتَّى وإن كانت قصيرةً، وشعور الضَّغطِ بداخلكَ ولَّد لديك الرغبةَ بالرَّحيلِ، وترْكَ كُلِّ شيء وراءَك، وفي الحقيقةِ أنتَ رُبَّما تحتاجُ للسفر إلى جزيرةٍ مَعزولة، أو إلى قريةٍ جبليَّةٍ بها نسيمٌ عليلٌ، ونهرٌ تتدفَّقُ مياهُه كحبَّات اللؤلؤ، تمامًا مثلما أكتبُ لكَ هذا الدُّستور وأنا في نفسِ البقعة.

خامسًا: إن وجدْت كُلَّ الطُّرقِ مُغلقةً أمامَك، واقتنعْتَ بشعور الاحتراق بداخلك، فلِمَ لا تُجرِّب مبدأ "الاستقالةِ الصَّامتة"؟

أنصحُك زميلي الموظَّف، بمنحِ بعضِ الوقتِ لنفسِك، قبلَ التَّفكير في اتِّخاذ قرارِ الرَّحيل عن مؤسَّستكَ، جرِّبْ مبدأ الاستقالةِ الصَّامتة؛ أي حاوِلْ أن تؤدِّيَ مهامَك المطلوبةَ منكَ على أدنَى وجهٍ، ولا تكلِّفْ نفسكَ أكثر من وُسعِها، فقد تكونُ هذه الحيلةُ مُتنفِّسًا لكَ لا بأسَ به، واستراحةَ مُحاربٍ ظنَّ نفسَه أنَّه قاتلَ حتَّى استنفد كُلَّ قُواه، وفي كُلِّ الأحوالِ لن تخسرَ شيئًا إن جرَّبتَ هذه الحيلةَ الَّتي قد تساعدُك في إعادةِ ترتيبِ ذاتكَ وأولويَّاتكَ في محيطِ عملك.

سادسًا: هل حاولتَ ولو لمرَّةٍ واحدةٍ تخيُّلَ نفسِكَ في المستقبل؟

إنَّ مجرَّدَ التَّفكيرِ وتخيُّل مُستقبَلكَ ما بعدَ وظيفتِكَ الحاليَّة، سيعطيكَ نظرةً أوسعَ تساعدُكَ على فهمِ تصوُّركَ للحياةِ المهنيَّة، فإذا قابَلَتْكَ فرصةٌ وظيفيَّةٌ أفضلَ ممَّا أنتَ فيه، ففكِّر في مستقبلِها، وأبعادِها، ومحيطِها وبيئتِها.. واستشِرْ أصحابَ الخبراتِ السَّابقة، وإن لم تجدْ جوابًا لكُلِّ ذلك، فلا تتردَّدْ في المكوثِ في

وظيفتكَ الحاليَّة؛ فهي على أقلِّ تقديرٍ تعطيكَ أجوبةً شافيةً للأسئلة الَّتي لمْ تجدْ لها جوابًا في المؤسَّسة الأخرى.

لكن في نفسِ الوقت احذرْ أن تقعَ في فخِّ الأمنيات والرَّغباتِ في التطوُّرِ المهنيِّ في مؤسَّستكَ الحاليَّةِ، دونَ أن ترى مؤشِّراتٍ لذلكَ، وهذا ما وقعْتُ فيهِ شخصيًّا خلالَ وظيفتي السَّابقة، فقد تواصَلَ معي العديدُ من الزُّملاءِ لعَرضِ فرصٍ وظيفيَّة أفضل بكثيرٍ ممَّا كنتُ فيها، لكنَّني كنتُ أرفُضُها، ظنًّا منِّي أنَّني أرسَخُ من وجودي في تلك المؤسَّسةِ رغم المشكلات الَّتي واجهَتني، واكتشفتُ بعدَ فترةٍ من الزَّمن أنَّني أخطأتُ التَّقديرَ، ورسمتُ شبحًا مُخيفًا استحكمَ ذاتي، وكبَّلَ خطواتي نحوَ التَّغيير، وضيَّعتُ فرصًا كانت ستنقلُ مسيرتي المهنيَّة أشواطًا إلى الأمام.

الفصل السَّابع عشر
ستّ إستراتيجيَّات في فنِّ الرَّحيل

في نهايةِ المطافِ زميلي الموظَّف، إن كانَ قرارُكَ النهائيُّ هو مغادرة مؤسَّستكَ، سواء بوجودِ عروضٍ أُخرى، أو بالتفرُّغ لأعمالِكَ الخاصَّة، أو بالتقاعُد، أو لغيرِها من الأسباب الشخصيَّة، فلا تَتردَّد في اقتناصِ هذه السُّطور بين يديكَ، واجعلْها خارطةَ طريقٍ كي ترسمَ خطوتَك المقبلة.

أوَّلًا: اختصرْ في قرارِ استقالتكَ، وكُنْ مُهذَّبًا، ولا داعٍ لذكرِ قائمةٍ طويلةٍ ومُمِلَّةٍ من السلبيَّات والمشكلات الَّتي واجهتْكَ في السَّابقِ، أو الانتقاص والتَّشكيكِ بمَن عملُوا معكَ، أو التَّقليل من إنجازاتِ المؤسَّسةِ، أو سردِ القصص اليوميَّة والحكايات الشخصيَّة، فلنْ تُفيدَكَ كُلُّ تلك الأحداثُ سوى في تحجيمِكَ، والتَّغطية على إنجازاتكَ.

ثانيًا: اجعلْ استقالتَكَ بدايةَ حياةٍ جديدة لكَ، أقلّها على المستوى الشخصيّ، فلا مانع أن تأخذَ هدنةً قصيرةً أو طويلةً للملَمَةِ شتَات نفسك، وتهدئة جيشكَ الدّاخليّ، واستجماع ما مضى أو ما تبقّى من جنودِ أفكاركَ.. حاولْ أن تركِّزَ هذه الفترة على ما مضى من عُمُركَ المهنيّ، وتأخذَ نفَسًا عميقًا تُخطِّطُ مِن خلالِه فصولًا جديدةً في حياتِكَ المستقبليّة، تذكّرْ أخطاءَكَ، اضحكْ على هفواتِكَ، استرجِعْ إنجازاتِكَ، احزنْ على معاركِكَ الّتي خُضتَها بهدفٍ أو من دونِ هدف، وتذكّرْ أنَّك أصبحْتَ الآن خارجَ المعادلة.

ثالثًا: إن رأيتَ تحسُّنًا في حالتِك العقليَّة والنفسيَّةِ، فابدَأ الآنَ الخطوةَ الأُولَى في مشروعِ إعادة ترميم عِمارتِكَ المهنيَّة، استرجِعْ قائمةَ زملائكَ وأصدقائكَ، وحتَّى مديريك، لا يَعيبُكَ أن تأتيَ المبادرةُ منكَ في السُّؤالِ عن أحوالِهم وأحبابِهم بعيدًا عن الحياةِ المهنيَّة، واعلمْ أنَّ الإكثارَ من العلاقاتِ الصحيَّةِ وتنميتَها في هذهِ الفترةِ سيفيدُكَ في خطواتِكَ المقبلة.

رابعًا: ضعْ في حسبانِكَ أنَّنا نعيشُ في عالَم أشبه بقريةٍ صغيرةٍ، فوسائل التواصُل قرّبَت الشعوبَ والأقطارَ أكثر من أيّ وقتٍ مضى، كما أنَّ العلاقاتِ المهنيَّةَ لا نهاية لها، وتتشابكُ مثل خيوطِ العنكبوت، فقَد يجتمعُ بكَ في يوم من الأيَّام نفسُ الموظَّفين

والمسؤولين الَّذين عملُوا معكَ، ولذلك احرصْ على تركِ بصمةٍ جميلةٍ وذاكرةٍ طيِّبةٍ في نفوسٍ وأذهانِ مَن عملْتَ معهم، والَّذين كانُوا جزءًا لا يتجزَّأ من شخصيَّتكَ وقراراتكَ المختلفة.

خامسًا: لا تنسَ أنَّ العملَ مع أفرادٍ ومجموعاتٍ تَعرفُكَ سابقًا وتعرفُ قدراتِكَ المهنيَّة وإنجازاتِكَ ومزاجكَ وانضباطكَ.. وبقيَّة التَّفاصيل الأخرى، أهوَنُ مِن القدومِ على بيئةٍ جديدةٍ تحتاجُ لأشهرٍ، ورُبَّما لسنواتٍ كي تَرسمَ صورةً واضحةَ المعالِم عن شخصكَ، هذا على صعيدك أنتَ، أمَّا على صعيدِ المسؤولين الَّذين عملْتَ معَهم، فسيكونُ قرارُ تعيينك أسرعَ وأحوطَ من أن يقعَ اختيارُهم على أفرادٍ مجهولين.

سادسًا: ستعملُ خلالَ المحطَّة الجديدة من حياتك المهنيَّة أشبهَ بمحرِّك السيَّارة الجديدة ذي الخياراتِ المتعدِّدةِ في عمليَّة التَّسارُع، والَّذي يبدأُ بالنِّظام الاقتصاديِّ، ثمَّ المُريح فالسريع ثمَّ الرياضي.. وكلٌّ من تلك الخياراتِ لديها قدْرٌ مُحدَّدٌ لاستهلاكِ الوقود، لكنَّك في مرحلتكَ الأُولَى من محطَّتك الجديدة سترغَبُ في العَملِ بالنِّظام الاقتصاديِّ الَّذي لا يتطلَّبُ كثيرًا من الوقود لتشغيلِه، بل ويمكنُه العمل بمرونةٍ على الطُّرقاتِ السَّريعة أو الشَّوارع الضيِّقة، فأنتَ الآنَ نصَّبتَ نفسَكَ مُديرًا رسميًّا على ذاتِكَ، وبدأْتَ تختارُ وتعيّنُ دائرةَ الزَّمالات والصَّداقاتِ بعناية،

بل وتمتلكُ صلاحياتٍ أوسعَ في طردِ أو استبقاءِ مَن ترغبُ، ومَن لا ترغَبُ.

أنا مُتأكِّدٌ أنَّكَ في هذه المرحلةِ سوف تَرفدُ كُلَّ ما يُعكِّرُ صفوَ ذهنِكَ، وسترى الغيرةَ المهنيَّة والاقتتالَ الدَّاخليَّ أشبهَ بمحطّاتٍ زائفة تستهلكُ عُمُرك ورصيدَ سعادتك وراحتكَ، ستضحكُ بينَ فينةٍ وأُخرى على مَن يُريدُ تحطيمَك، أو تحجيمَك، أو البحثِ عن الزلَّات من ورائكَ، ستزدادُ بداخلِكَ جرعاتُ الغفرانِ والعفوِ عمَّن ظلمَكَ، وسيزيدُ حبُّ الخيرِ للآخرين بداخلكَ، سترى أنَّ لنفسكَ ولعائلتكَ حقًّا، مهما تعاظمَتْ مناصبُكَ وانشغالاتكَ، أؤكِّدُ لكَ أنَّكَ الآن بدأتَ تملكُ مفاتيحَ هذا الدُّستور للاستماعِ بوظيفتكَ.

أنهى تحرَيره بتوفيقِ اللهِ وعَونهِ
بتاريخِ 7 نوفمبر 2022م

الفقير إلى عفوِ ربّه
مُعز الخليفي